SANACIÓN CON

PÉNDULO

Manual Universal

Guía Completa Del Uso De Péndulos En Sanación, Radiestesia, Adivinación, Lectura De Tarot, Equilibrio De Chakras ¡Y Mucho Más!

Juan David Arbeláez
www.TusDecretos.com

Edición original en español:
Péndulo: Manual Universal
Juan David Arbeláez
www.tusdecretos.com

Primera edición marzo de 2023

Contenido

Introducción

¡Te damos la más cordial bienvenida a este emocionante viaje por el mundo de los péndulos! ¿Te atraen los misterios y la magia que envuelven estas herramientas ancestrales? ¿O quizás te llama la atención esta práctica que ha vuelto a ganar popularidad en los últimos años? Si es así, te encuentras en el lugar adecuado.

Desde nuestros primeros días, nos hemos sentido fascinados por los aspectos misteriosos y mágicos de nuestro mundo. Cuando éramos niños, nos sumergíamos en nuestra imaginación, creyendo en criaturas fantásticas y poderes de otros mundos. Aunque gran parte de ese asombro se desvanece a medida que crecemos, persiste en nosotros una curiosidad innata por lo inexplicable. Es esta curiosidad la que nos lleva a explorar el poder extraordinario del péndulo.

A simple vista, el péndulo puede parecer un objeto sencillo: un peso suspendido de un hilo o cadena. Sin embargo, a lo largo de la historia, personas de diversas culturas han descubierto su increíble potencial para desentrañar conocimientos ocultos y guiar el crecimiento personal. El péndulo es una herramienta que puede conectarse con los patrones energéticos de nuestras mentes subconscientes, revelando percepciones e información que de otro modo podrían permanecer inaccesibles.

Este libro es una guía completa que te llevará de la mano en todo lo que necesitas saber sobre los péndulos, su historia, su capacidad para desentrañar conocimientos ocultos y guiar el crecimiento personal. Aprenderás sobre las numerosas aplicaciones prácticas del péndulo, desde la automejora hasta el desarrollo de habilidades psíquicas, la adivinación, lecturas de tarot, radiestesia, sanación y mucho más.

Descubrirás que estos instrumentos no solo eran parte de antiguos relojes de pared, sino que también poseen habilidades mágicas ilimitadas que te permitirán tomar el control de tu vida y encontrar la plenitud que buscas. Al explorar el potencial del péndulo, activarás ambos hemisferios cerebrales, aumentarás tus habilidades intuitivas y captarás energías en personas, lugares y objetos.

Este libro es la herramienta perfecta para aquellos que buscan un camino hacia el autodescubrimiento y el crecimiento personal. Aprenderás a utilizar los péndulos para la radiestesia y equilibrar chakras, diagnosticar enfermedades o desequilibrios en el sistema energético del cuerpo y a interpretar los movimientos de tu péndulo para descubrir su significado.

Te ofrecemos consejos para elegir el péndulo adecuado para ti y cómo utilizarlo como guía para mejorar tu vida de muchas maneras diferentes. Con instrucciones y conceptos fáciles de seguir, encontrarás todo lo que necesitas saber para comenzar a utilizar los péndulos de manera efectiva y descubrir todo su potencial.

¡Así que no esperes más y comienza tu viaje hacia el autodescubrimiento, la sanación y el asombro! Abraza esta nueva etapa en tu vida, llena de maravillas y magia, y permite que este libro desvele los misterios del péndulo y los poderes ocultos dentro de ti.

Juan David Arbeláez

www.TusDecretos.com

★★★

"El péndulo es una llave que abre la puerta a nuestro subconsciente, una herramienta fascinante que nos permite explorar los misterios de nuestra mente y descubrir respuestas que de otra manera podrían permanecer ocultas".

-Juan David Arbeláez

Un poco de historia

La historia de los péndulos se remonta a la antigua China, donde se utilizaban como dispositivos de medición del tiempo. Los astrónomos chinos descubrieron que el movimiento de un péndulo podía ser utilizado para medir el tiempo con precisión. Utilizaban relojes de agua que eran impulsados por péndulos para medir el tiempo y determinar las posiciones de las estrellas y los planetas.

En el siglo XVII, el físico y matemático francés Christian Huygens desarrolló el primer reloj de péndulo. Descubrió que el movimiento de un péndulo era isócrono, lo que significa que tenía un período constante independientemente de su amplitud. Esto le permitió crear un reloj que podía mantener una hora precisa, y su invención revolucionó la medición del tiempo.

En el siglo XIX, los péndulos se utilizaron para la radiestesia, que es la práctica de utilizar un péndulo para localizar agua, minerales u otros objetos subterráneos. La radiestesia se ha practicado durante miles de años y se cree que se originó en el antiguo Egipto. La técnica consiste en sostener un péndulo sobre un mapa o un trozo de tierra y pedirle que indique la ubicación de un objeto en particular.

La radiestesia con un péndulo se hizo popular en el siglo XIX cuando se utilizó para localizar agua para agricultores y mineros. También fue utilizado por geólogos y arqueólogos para localizar minerales y artefactos. Los péndulos eran vistos como una forma de acceder a la mente subconsciente y acceder a información oculta.

En el siglo XX, los péndulos se convirtieron en herramientas populares para la sanación y el desarrollo psíquico. Muchas personas creían que el movimiento de un péndulo podía ser utilizado para detectar campos de energía y bloqueos en el cuerpo. Los péndulos se utilizaron para diagnosticar enfermedades, equilibrar chakras y eliminar bloqueos energéticos.

Los péndulos también se utilizaron para el desarrollo psíquico. Se creía que eran una forma de acceder a estados más elevados de conciencia y aprovechar habilidades psíquicas. La radiestesia con péndulo se utilizó para comunicarse con la mente subconsciente y acceder a información que estaba más allá de la mente consciente.

★

Cómo funciona un Péndulo

Hace más de dos siglos, la gente descubrió que los movimientos de un péndulo son causados por el movimiento involuntario e inconsciente de la mano que sostiene el dispositivo. Los músculos de tu mano reaccionan automáticamente bajo la dirección de tu mente subconsciente, provocando el movimiento del péndulo. Este mecanismo de acción se conoce como respuesta ideomotora, donde "ideo" representa una idea y "motora" representa el movimiento. El péndulo puede intensificar respuestas que normalmente serían demasiado sutiles para percibir. Esto demuestra que las respuestas que recibes provienen realmente de tu interior.

Un hombre llamado Michel Chevreul dedicó más de dos décadas de su vida al estudio del péndulo y llevó a cabo un experimento que demostró la teoría de la respuesta ideomotora. En este experimento, midió el movimiento del péndulo suspendido de sus dedos mientras apoyaba el brazo en un bloque de madera colocado en distintos puntos entre el hombro y la mano. Hizo algunos descubrimientos fascinantes: cuando el bloque de madera se colocaba más cerca de la mano, los movimientos del péndulo se ralentizaban significativamente, deteniéndose por completo cuando el bloque de madera se alejaba más de sus dedos.

Michel tomó nota de estos hallazgos y también del hecho de que experimentaba un estado de conciencia diferente cada vez que utilizaba el péndulo. Esto le llevó a concluir que existía una conexión indiscutible entre los movimientos del péndulo y su mente. Su influencia sobre el tema fue tan significativa que, hasta el día de hoy, el péndulo se conoce a veces como el péndulo de Chevreul.

El Péndulo y Tu Mente Subconsciente

El péndulo te permitirá acceder a tu mente subconsciente. Piensa en ella como una extensión de tu sistema nervioso central. Ten en cuenta que el péndulo en sí no es el proveedor de la información que recibes. En cambio, es un medio a través del cual puedes recibir información que se transmite desde tu subconsciente a través de tu sistema nervioso central. Estos datos, que de otro modo serían insignificantes, pueden ser captados y amplificados por un péndulo. Los detractores de este arte sagrado creen que si nuestra propia mente influye en los movimientos del péndulo, se puede argumentar que las respuestas dadas no son fiables. Esta suposición no podría estar más lejos de la realidad.

Aunque no se comprende del todo, se ha observado que la mente subconsciente tiene vínculos con todo lo que existe, desde el universo observable hasta las cosas que nuestros cinco sentidos no pueden percibir. Acceder siquiera a una parte de esta conciencia universal puede dar respuesta a todas y cada una de las preguntas. El subconsciente lo sabe todo; por eso es frecuente dormirse pensando en un problema y despertarse al día siguiente con una respuesta. Mientras dormías, tu subconsciente rastreó toda la existencia en busca de una respuesta y te la presentó de forma fiable al día siguiente. Con el péndulo ocurre más o menos lo mismo, salvo que estás completamente despierto.

Código de conducta

A pesar de lo fácil que puede parecer utilizar esta herramienta mística, hay algunos errores que podrías cometer en el camino, especialmente durante tus primeras experiencias. La buena noticia es que el camino hacia la competencia no es tan largo como podrías temer. Este corto camino puede hacerse aún más corto y disminuir la posibilidad de errores si te adhieres a las siguientes reglas:

No utilices el péndulo para asuntos triviales. Si sabes que puedes tomar decisiones por ti mismo sin la ayuda del péndulo, guárdalo.

Evita hacer la misma pregunta más de una vez durante la misma sesión porque esto sugiere duda. Debes confiar en las respuestas que te da el péndulo para que esto funcione de forma consistente.

Descarta cualquier impulso de hacer una demostración de tus habilidades con el péndulo.

Está dispuesto a dejar que otra persona sostenga el péndulo por ti si te sientes emocionalmente involucrado en el resultado. No hace falta decir que esta persona debe tener la intención clara de ayudarte y debe comprender cómo funciona el péndulo. La energía escéptica no te servirá de nada.

Limítate a utilizar el péndulo solo para buenas acciones.

Al seguir estas pautas, pasarás rápidamente de ser un principiante a un experto en el uso del péndulo. Descubrirás que cuanto más lo utilices, más intuitivo, sensible y consciente te volverás. Es un instrumento que puede cambiar toda tu vida. Úsalo de forma intencionada y responsable, y cosecha los abundantes beneficios que se derivan de esta práctica milenaria.

★

El fascinante universo de los péndulos

¡Te damos la bienvenida al intrigante mundo de los péndulos! Si sientes curiosidad por el arte de la adivinación y la magia, has encontrado el punto de partida ideal. Los péndulos son una herramienta metafísica sencilla, pero sumamente efectiva, utilizada a lo largo de milenios. Puedes aprender a emplearlos con fines de crecimiento personal, conexión con fuerzas superiores, y cada individuo puede encontrar un propósito único en su uso. Si deseas adentrarte en la adivinación mediante péndulos, ¡este es tu punto de inicio!

Entonces, ¿qué es un péndulo? Básicamente, se trata de un objeto pesado suspendido de un hilo o cadena que le permite oscilar libremente. En la adivinación, se emplea para canalizar la energía de una entidad superior, otra persona, o incluso la tuya propia. Los péndulos también son conocidos como instrumentos de radiestesia, siendo solo uno de los múltiples tipos de técnicas de radiestesia practicadas durante siglos y por diversas razones. ¡Adéntrate en este libro y descubre todo lo que necesitas saber para comenzar a utilizar péndulos en tus prácticas metafísicas!

Los péndulos y su uso más allá de la radiestesia

Existe cierta confusión en torno a la práctica de la radiestesia, y es crucial aclarar algunos conceptos. El uso de un péndulo no implica necesariamente que estés practicando radiestesia. La radiestesia se refiere al empleo del péndulo para formular preguntas y obtener respuestas.

Por otro lado, si utilizas el péndulo para transformar energía o para sanación, no se considera radiestesia. Este último concepto se refiere al acto intencional de realizar cambios energéticos. Resulta importante distinguir el significado de la radiestesia de otros usos del péndulo.

Cuando se emplea un péndulo para sanar, se le denomina sanación con péndulo. Aunque no existe un término específico o complejo para ello, es crucial comprender que no es lo mismo que la radiestesia.

Esperamos que estas aclaraciones te resulten útiles y te permitan utilizar el péndulo de manera efectiva y consciente en tus prácticas metafísicas.

Una introducción al arte de la radiestesia

Los péndulos son una herramienta ampliamente utilizada en la radiestesia, una práctica esotérica que involucra la búsqueda de elementos ocultos, como tesoros, agua, ruinas antiguas y tumbas, entre otros objetos.

La radiestesia comenzó a popularizarse en Europa alrededor de la Edad Media y se lleva a cabo utilizando péndulos, varas de sauce, serbal o varillas metálicas en forma de Y. Cuando se emplea un péndulo para la radiestesia, se sostiene la cuerda o cadena de la que pende y se inicia la búsqueda. Al recibir transmisiones de algún objeto oculto, el péndulo empezará a moverse para señalar su ubicación.

Originalmente, la radiestesia se utilizaba principalmente para buscar agua. , razón por la cual a menudo se la denomina "brujería del agua" o "radiestesia del agua". Con el paso del tiempo, se ha empleado para localizar otros objetos perdidos, para la adivinación, la curación y para encontrar personas o mascotas extraviadas. Se trata de una práctica fascinante que continúa siendo realizada por muchas personas alrededor del mundo.

En este libro, aprenderás maneras sencillas de empezar a utilizar la radiestesia con péndulos. Descubrirás cómo emplear esta herramienta para hallar objetos perdidos, para la adivinación y para otros propósitos. ¡Continúa leyendo y sumérgete en el enigmático y fascinante mundo de la radiestesia!

Historia de la radiestesia

La radiestesia es una práctica ancestral que ha sido utilizada por diferentes culturas y civilizaciones a lo largo de la historia. Se cree que el dibujo rupestre más antiguo que representa a un hombre practicando la radiestesia se remonta al año 6000 a.C. y fue descubierto en Argelia. La imagen muestra a un hombre con un palo bifurcado buscando agua.

Los chinos también practicaban la radiestesia, como lo demuestra la estatua de un emperador chino con un instrumento de radiestesia, que data del 2200 a.C. Asimismo, se han encontrado representaciones de radiestesia en numerosos papiros y pinturas egipcias. El emperador Yu de China empleaba la radiestesia para localizar zonas de tensión geomática y prohibió la construcción de viviendas en esos lugares. Este mismo método se sigue utilizando en la práctica del Feng Shui.

En el Antiguo Testamento, se menciona a Moisés y Aarón encontrando agua utilizando una vara, y el rey Salomón empleó la radiestesia para seleccionar a las mujeres de su harén. En Francia, alrededor de 1326, la Iglesia condenó el uso de la radiestesia para la adivinación, pero la práctica siguió siendo mencionada en obras de sacerdotes como el abate de Vallmont. En 1518, Martín Lutero calificó la radiestesia de ocultismo.

La práctica de la radiestesia tal y como la conocemos hoy puede tener su origen en la Alemania del siglo XVI, donde se utilizaba para la búsqueda de minerales metálicos. En Inglaterra, la radiestesia se empleaba para localizar calaminas en las minas reales. A finales del siglo XIX, se utilizó en Dakota del Sur para ayudar a los agricultores, ganaderos y colonos a encontrar agua en sus tierras. Durante la guerra de Vietnam, también se empleó para localizar túneles y armas.

A lo largo de la historia, la radiestesia ha sido practicada por muchas personas con diversos fines y ha perdurado a lo largo de los siglos. A pesar de que en la época victoriana fue clasificada junto a otras prácticas alternativas, como la fitoterapia, la gente ha comenzado a reconocer de nuevo su importancia y a valorar la intuición y la conexión con lo espiritual.

Aunque este libro se centra en el uso de péndulos para la radiestesia, hay otras herramientas que se utilizan para llevar a cabo esta práctica, como varillas de zahorí, ramas de árboles o varillas metálicas en forma de Y. Cada herramienta tiene su propia técnica y forma de uso, pero todas ellas tienen en común la búsqueda de información energética a través de una conexión intuitiva. A medida que leas este libro, aprenderás más sobre cómo utilizar estas herramientas para la radiestesia y cómo pueden ayudarte en tu vida.

La radiestesia y su aplicación en la actualidad

En el mundo moderno, la radiestesia ha encontrado aplicaciones en una amplia variedad de campos. Desde la búsqueda de agua, minerales y objetos perdidos, hasta la localización de personas y animales desaparecidos, la radiestesia ha demostrado ser una práctica versátil y útil. Además, ha ganado popularidad en el campo de la sanación energética, donde se emplea para equilibrar los campos energéticos del cuerpo y restaurar la armonía física y emocional.

También se ha utilizado en la arqueología para ayudar a localizar antiguas estructuras y artefactos, y en la geología para encontrar depósitos minerales y yacimientos de agua subterránea. Algunos empresarios y profesionales de la construcción emplean la radiestesia en sus proyectos, buscando zonas geomáticas o de tensión energética antes de construir o remodelar estructuras.

Ramas de Zahorí (ramas en forma de Y)

Las ramas de Zahorí en forma de Y son herramientas tradicionales y emblemáticas en el arte de la radiestesia, a menudo representadas en películas y literatura. Estas varillas bifurcadas suelen medir entre 12 y 24 pulgadas de largo y se utilizan para obtener respuestas afirmativas en la búsqueda de objetos o personas durante la práctica de la radiestesia. Aunque originalmente estaban hechas de madera, actualmente muchas personas prefieren las varillas de metal o plástico, ya que resultan más cómodas y fáciles de sostener.

Varillas en L

Las varillas en forma de "L" son herramientas populares y efectivas en la radiestesia. A diferencia de las varillas en forma de "Y", la práctica de la radiestesia con varillas en "L" requiere dos de estas varillas. Para utilizarlas, sostén una varilla en cada mano, asegurándote de que los extremos más largos apunten en dirección opuesta a ti. Puedes adquirir estas varillas en tiendas especializadas en herramientas de radiestesia, en línea, o incluso fabricarlas tú mismo doblando perchas de alambre.

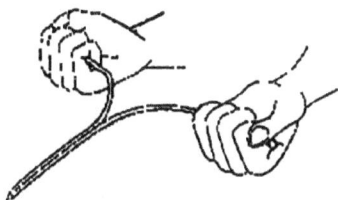

**RAMAS EN Y
(RAMA DE ZAHORÍ)**

BOBBER

PÉNDULO

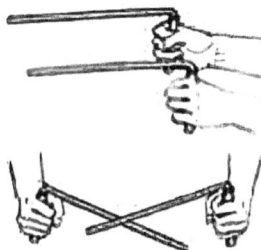

BARRAS EN L

Durante el uso de las varillas en "L", es crucial que concentres tu mente en el objeto o persona que buscas. Camina lentamente mientras sostienes las varillas y observa cómo se mueven. Si ambas varillas apuntan en la misma dirección, continúa avanzando en esa dirección. Si apuntan en direcciones opuestas, esto indica que estás en la dirección equivocada. Las varillas en "L" se cruzarán cuando encuentren la ubicación del objeto perdido. Aunque las varillas en forma de "Y" son más conocidas en la radiestesia, las varillas en "L" son una opción popular para aquellos que prefieren una herramienta más sencilla de manejar. Con práctica y dedicación, podrás perfeccionar tu habilidad para usar estas varillas en "L" y encontrar objetos perdidos con facilidad.

Bobbers

Los bobbers son herramientas especializadas en la radiestesia que consisten en varillas o cables largos y flexibles con un muelle enrollado en los extremos para sujetarlos. A veces, también cuentan con un peso en el otro extremo. La longitud y la flexibilidad de estas varillas permiten que se muevan al caminar sin que el usuario influya en su movimiento. Observando la dirección en la que se mueve la varilla, el usuario puede obtener una respuesta. Los bobbers son una alternativa interesante a los péndulos y varillas en "L", y pueden ser especialmente útiles en áreas amplias o al aire libre.

Péndulos

Los péndulos son una de las herramientas más populares y versátiles en la práctica de la radiestesia. Muchos radiestesistas prefieren utilizar los péndulos debido a su portabilidad y facilidad de uso. Un péndulo consiste en un objeto pesado que cuelga de una cadena, alambre o cuerda. El péndulo oscila y su movimiento indica la respuesta a la pregunta que se está haciendo. Aunque su uso puede ser difícil mientras se camina o se está en movimiento, los péndulos pueden ser efectivos en la búsqueda de cosas

Usos de los péndulos

El péndulo puede ser utilizado de diversas formas, tales como la lectura del tarot, la obtención de respuestas de sí o no, la verificación de la polaridad, la utilización de gráficos, la detección de energías no deseadas o negativas, la selección de cristales para la curación y equilibrio de los chakras, la adivinación, la búsqueda de objetos o personas perdidas, el descubrimiento de espíritus guías, la toma de decisiones, la comprensión de eventos sincronísticos, la identificación de colores resonantes, la comprobación de la validez de información o consejos, la verificación del estado de los chakras en el propio cuerpo o el de otra persona, la búsqueda de fuentes de agua, la selección de lugares para rituales, viajes o construcciones, la determinación de la fiabilidad, la sanación de la mente, cuerpo y espíritu, el aumento de la intuición y la limpieza de un espacio o baraja de cartas de adivinación. Los péndulos son herramientas de radiestesia muy versátiles que pueden ser utilizadas para diversas finalidades. Desde la lectura del tarot, la detección de la presencia de energías negativas o no deseadas, la selección de cristales para la sanación y equilibrio de los chakras, hasta la adivinación, la búsqueda de objetos o personas perdidas, el descubrimiento de espíritus guías, la toma de decisiones y la comprensión de los acontecimientos sincronísticos. Además, los péndulos también son útiles para la identificación de colores resonantes, la comprobación de la validez de una información o consejo, la determinación de la fiabilidad, la sanación de la mente, el cuerpo y el espíritu, la potenciación de la intuición y la limpieza de espacios o barajas de cartas de adivinación. Los péndulos son una herramienta eficaz y portátil que puede utilizarse en diferentes situaciones y para diferentes propósitos en la radiestesia.

★

Elegir un péndulo

La elección de un péndulo puede ser un desafío emocionante y profundamente personal debido a la amplia variedad de opciones disponibles en el mercado. Aunque no existen reglas específicas para escoger el péndulo ideal, hay ciertos factores que debes considerar. Lo primordial es que sientas una conexión con el péndulo, ya que cada individuo experimentará esto de manera única, haciendo imposible determinar un péndulo "correcto" universalmente.

Un excelente péndulo para comenzar a utilizar es aquel con forma de triángulo básico o lágrima. Estos péndulos tienen un peso equilibrado, tamaño moderado y giran fácilmente. Además, suelen ser bastante asequibles. No obstante, esto no implica que sean los adecuados para todos. Es fundamental que el péndulo te resulte cómodo y se adapte a tus necesidades. Tómate el tiempo necesario para explorar diversas opciones y encontrar el péndulo que mejor se ajuste a ti y a tu práctica radiestésica.

Factores a considerar

Forma del péndulo

Existen numerosas formas de péndulos, cada una con su propia energía característica. Algunos son angulares y otros redondos, mientras que algunos combinan ambas formas. Los péndulos redondos se relacionan con la energía femenina, mientras que los angulares, como los cuadrados o rectangulares, poseen una energía más masculina. No obstante, ningún péndulo es completamente masculino o femenino.

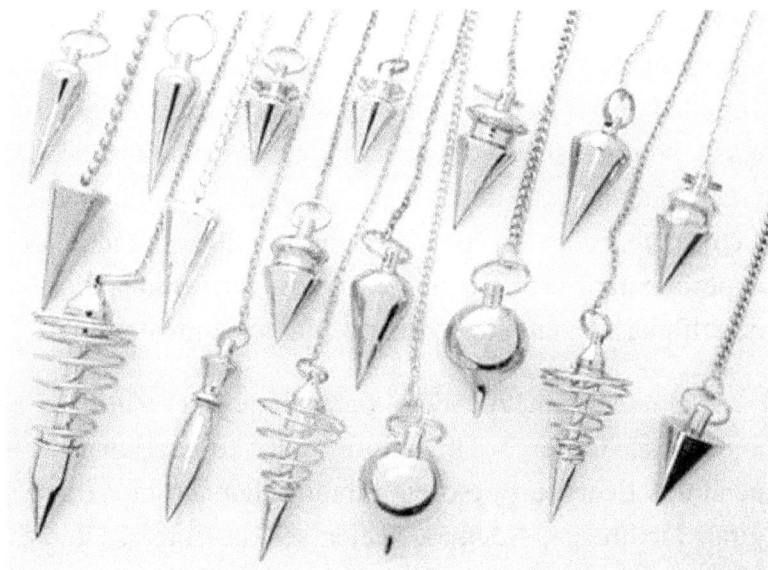

Muchas personas eligen un péndulo basándose en su estética y en lo que encuentran intuitivamente atractivo. Es importante tener en cuenta que la forma del péndulo afectará su movimiento durante la radiestesia. Por lo general, es preferible que el péndulo se mueva en círculos perfectos, así que debes escoger una forma que te permita sostenerlo cómodamente y ajustar la mano adecuadamente.

Aunque algunos péndulos están diseñados para usos específicos, en general, cualquier péndulo puede utilizarse para cualquier propósito. Lo esencial es encontrar uno que te atraiga y que tenga un movimiento consistente. No te preocupes demasiado por las formas y sigue tu intuición al elegir tu péndulo.

Peso

El peso del péndulo es otro aspecto crucial a considerar al escoger el péndulo adecuado. Un péndulo más pesado requerirá más energía para moverse, lo que implica que su respuesta será más potente. Por otro lado, un péndulo más ligero es más fácil de mover y su respuesta es más rápida. Un péndulo de peso medio es una buena opción intermedia, ya que su movimiento no es ni demasiado lento ni demasiado rápido. Si el péndulo es demasiado ligero, no sentirás una conexión con él durante la radiestesia. Sin embargo, si el péndulo es demasiado pesado, necesitarás mucha más energía y tendrás que prestar atención para mantener el control sobre él. También puede caerse de tus manos mientras lo utilizas, dependiendo de tu experiencia personal. Por lo tanto, es importante encontrar el equilibrio adecuado para ti y elegir el péndulo que mejor se adapte a tus necesidades.

"El péndulo es una extensión de nuestra intuición, una herramienta poderosa que nos ayuda a sintonizar con nuestras emociones y percepciones sutiles para tomar decisiones más sabias y conscientes en nuestra vida."

Mantenimiento y cuidado de tu péndulo

Una vez que hayas establecido un vínculo sólido con tu péndulo, es fundamental cuidarlo y mantenerlo adecuadamente. Aquí hay algunas pautas para mantener tu péndulo en óptimas condiciones:

Limpieza

Dependiendo del material del péndulo, es necesario limpiarlo regularmente para eliminar las energías negativas o estancadas que pueda haber absorbido. Los péndulos de cristal, en particular, deben limpiarse con frecuencia. Puedes utilizar métodos como sumergirlo en agua con sal durante un tiempo, enterrarlo en tierra, exponerlo a la luz del sol o de la luna, o incluso utilizar el humo de la salvia o el palo santo para purificarlo. Sin embargo, ten cuidado al usar agua en cristales que puedan ser sensibles al agua, como la selenita.

Almacenamiento

Guarda tu péndulo en un lugar seguro y protegido cuando no lo estés utilizando. Puedes utilizar una bolsa de tela, una caja o un estuche especial para mantenerlo protegido de la luz solar directa, el polvo y las energías negativas. Algunas personas incluso prefieren envolver sus péndulos en un paño de seda o algodón para proporcionar una capa adicional de protección.

Uso consciente

Utiliza tu péndulo con respeto y responsabilidad. No lo utilices para fines negativos o con intenciones dañinas. Mantén siempre una actitud de gratitud y humildad al trabajar con tu péndulo, reconociendo que es una herramienta valiosa en tu camino espiritual y de crecimiento personal.

Carga energética

Algunos péndulos, especialmente los de cristal, pueden beneficiarse de una carga energética periódica. Esto se puede lograr colocando el péndulo en un cuenco de cristal de cuarzo con otros cristales, exponiéndolo a la luz de la luna llena o colocándolo en un altar sagrado para infundirlo con energías positivas.

Elegir un péndulo es una experiencia personal e intuitiva que puede resultar en una herramienta poderosa para tu crecimiento espiritual y bienestar emocional. Ten en cuenta la forma, el peso y el material al tomar tu decisión, pero confía en tu intuición y en la conexión que sientas con un péndulo en particular. Una vez que lo hayas elegido, establece un vínculo con él y cuídalo adecuadamente para garantizar su eficacia en tus prácticas de radiestesia, curación energética o adivinación.

★

"La belleza del péndulo es que nos permite descubrir la magia que existe en lo cotidiano, y nos enseña a encontrar lo extraordinario en lo más simple".

Preparación y conexión con tu péndulo

El arte de la adivinación con péndulos es una práctica fascinante y poderosa que puede proporcionar una mayor comprensión y claridad en los aspectos más profundos de tu vida. Los péndulos pueden ser utilizados para obtener respuestas a preguntas específicas, ayudarte a tomar decisiones difíciles y ofrecerte una perspectiva única de las posibles consecuencias de tus acciones. Lo esencial es acercarse a la adivinación con una actitud abierta y con la intención de obtener claridad mental, guiándote con la sabiduría de fuerzas superiores.

Además de su uso en la adivinación, los péndulos radiestésicos pueden brindarte una perspectiva tanto material como espiritual. En tiempos antiguos, estos péndulos eran empleados para descubrir elementos ocultos bajo la superficie terrestre, como manantiales de agua o depósitos minerales. Hoy en día, puedes utilizar tu péndulo para diversos propósitos, desde fomentar tu crecimiento personal hasta facilitar la sanación energética.

Antes de sumergirte en el uso del péndulo, es crucial prepararlo adecuadamente para garantizar su efectividad en tus prácticas. No basta con tomar un péndulo y hacerle preguntas, esperando obtener todas las respuestas de la vida. Lamentablemente, la realidad es más compleja que eso. A continuación, te ofrecemos algunos consejos valiosos para iniciarte en la adivinación con péndulo:

Selecciona el péndulo adecuado

No hay un péndulo universalmente perfecto para todos. Por lo tanto, es importante reflexionar sobre el tipo de péndulo que deseas. A medida que adquieras más conocimientos sobre los diferentes tipos de péndulos y las propiedades de los cristales en capítulos posteriores, podrás utilizar esa información para elegir un péndulo apropiado. Tal vez te sientas atraído por una piedra en particular. Si vas a comprar un péndulo, tómate el tiempo para probar cada uno en tu mano y elige aquel que te atraiga o llame tu atención. Sostén el péndulo en la palma de tu mano y percibe si sientes una conexión con él. Si no experimentas ninguna conexión, continúa probando otros hasta encontrar el que resuene contigo. Comienza con un péndulo multiusos y practica con él. Más adelante, podrás adquirir péndulos adicionales según tus necesidades. Si no puedes comprar un péndulo, siempre puedes crear uno tú mismo atando un objeto de peso moderado a un hilo o cadena.

Limpieza y purificación

Una vez que tengas tu péndulo, es fundamental limpiarlo antes de empezar a utilizarlo. Las piedras y otros materiales pueden retener energías residuales de personas o entornos anteriores, lo que podría afectar negativamente tus prácticas de adivinación. Por ello, se recomienda purificar el péndulo antes de su uso. Existen diversas técnicas para limpiar tu péndulo, como sumergirlo en agua salada durante unas horas, exponerlo a la luz del sol o de la luna durante una noche, o utilizar el humo de palo santo o salvia. Elige el método que más te atraiga y que sea apropiado para tu péndulo en particular.

Recarga y energización

Después de limpiar tu péndulo, es importante infundirlo con energía positiva antes de usarlo. Puedes lograr esto exponiéndolo a la luz del sol o de la luna, o colocándolo sobre una piedra de cuarzo o amatista. Ten en cuenta que la energía de tu péndulo es esencial para obtener lecturas claras y precisas; por lo tanto, asegúrate de cuidarlo y recargarlo regularmente.

Fortalecimiento del vínculo con tu péndulo:

Si deseas que tu péndulo funcione de manera óptima para ti, es crucial trabajar en establecer una relación sólida con él. No te preocupes, ¡es más sencillo de lo que parece! Cuanto más tiempo inviertas en esto, más fácil será interpretar el mensaje de tu péndulo durante su uso. No dudes en pasar tiempo de calidad con tu péndulo, creando una conexión especial y duradera.

Al seguir estos consejos, estarás en el camino hacia una experiencia enriquecedora y profunda en la práctica de la adivinación con péndulos. Con el tiempo, desarrollarás tus habilidades, intuición y conexión con tu péndulo, lo que te permitirá aprovechar al máximo esta herramienta poderosa y misteriosa.

Como conectarte con tu péndulo

A continuación te muestro una forma de conectarte con tu péndulo y aprender su lenguaje:

1.   Sujeta el péndulo con tu mano dominante y deja que la piedra cuelgue unos centímetros por encima de la palma de tu otra mano.

2.   Respira profundamente y permite que te centres.

3.   Pide a los poderes superiores que te guíen y te apoyen.

4.   Ahora que tienes el péndulo, comienza haciendo algunas preguntas para que puedas aprender cómo te hablará en el futuro. Pídele al péndulo que te muestre un movimiento afirmativo y espera a ver cómo oscila. Después, pídele que te muestre un movimiento de no y toma nota de cómo se mueve en esta dirección. De esta manera, podrás saber cómo responderá el péndulo cuando le hagas una pregunta que requiera una respuesta afirmativa o

negativa. También puedes pedirle al péndulo que te muestre un movimiento de "tal vez" para observar esta respuesta. No te olvides de agradecer al péndulo y continúa con el siguiente paso.

5.   Además, puedes hacerle al péndulo algunas preguntas cuya respuesta ya conozcas, como preguntarle si tus ojos son marrones si ya sabes que lo son. Esto te ayudará a observar cómo se mueve el péndulo para indicar un sí o un no. Si haces esto, asegúrate de hacer preguntas claras y objetivas.

6.   Ahora que ya sabes cómo se mueve tu péndulo, puedes empezar a hacer otras preguntas. Siéntete cómodo en una posición relajada y comienza a probar el péndulo. Para mayor estabilidad, apoya el codo de la mano que sostiene el péndulo. Formula preguntas claras y sencillas sobre cualquier cosa que te interese, desde relaciones hasta temas financieros o espirituales. ¡Explora y diviértete

7. Úsalo con prudencia. No abuses de las herramientas adivinatorias y utiliza el péndulo sólo por las razones correctas. Si te encuentras en un estado mental desequilibrado o muy emocional, es mejor que no lo utilices. En su lugar, puedes pedirle al péndulo que te indique si estás en el estado mental adecuado para proceder con la radiestesia. Confía en tu péndulo y sigue su guía.

8. Es importante recordar que los péndulos no deben ser utilizados como una alternativa a la medicina real. Si estás enfermo o necesitas asistencia médica por cualquier

razón, los péndulos o cualquier herramienta de adivinación no pueden reemplazar la atención médica profesional.

Puedes utilizar los péndulos como una herramienta adicional para beneficiarte, pero no debes poner en peligro tu salud o bienestar dependiendo completamente de ellos o de otras formas de adivinación. Recuerda que es importante tomar decisiones informadas y confiar en los profesionales de la salud para recibir el tratamiento adecuado. Los péndulos pueden ser útiles como complemento, pero no como sustituto de la atención médica real.

9. Si estás interesado en hacer radiestesia, te recomiendo que lo hagas solo para ti mismo. A menos que tengas el permiso de alguien o te lo pidan expresamente, no deberías hacer radiestesia para otra persona. Además, es esencial que consideres si tienes la suficiente experiencia para hacerlo por otra persona. Mi consejo es que adquieras más práctica para ti mismo primero y, después, si lo deseas, podrás ofrecerte a ayudar o curar a otra persona con la radiestesia. ¡Recuerda siempre ser cuidadoso y respetar los límites de los demás!

10.Es importante que mantengas tu mente abierta e imparcial. Te aconsejo que evites hacer preguntas asumiendo que ya conoces la respuesta, ya que esto podría influir en las respuestas que te dé el péndulo. Para obtener resultados precisos, es esencial que mantengas una actitud objetiva y sin prejuicios.

La radiestesia con péndulo puede ser una herramienta útil, pero no debes depender demasiado de ella. No es recomendable que confíes en tu péndulo para tomar todas tus decisiones, ya que esto podría evitar que te responsabilices por tus elecciones y afectar tu capacidad para decidir por ti mismo. No es válido utilizar la radiestesia como una excusa para no hacerte responsable de tus acciones. Es importante recordar que el péndulo solo es una guía y que, al final, la decisión final siempre estará en tus manos. Aunque puede ayudarte a responder preguntas, no debes olvidar que eres tú quien toma la última decisión.

Meditar para armonizar el cuerpo y la mente

Antes de comenzar a utilizar el péndulo, es fundamental asegurarse de tener una mente serena y equilibrada. Evita iniciar una sesión si te encuentras en un estado emocional alterado, ya que esto puede afectar el proceso y los resultados. Una excelente idea es emplear la meditación para alcanzar un estado de calma previo a la utilización del péndulo. Cuando eres capaz de mantener la mente desapegada, apacible y libre de emociones mientras utilizas el péndulo, es más probable que obtengas resultados precisos o el resultado deseado de tu péndulo.

A continuación, te explicaré cómo meditar para lograr el estado óptimo de mente y cuerpo antes de utilizar péndulos. Puedes tomarte un momento durante el día para detenerte y respirar profundamente. Verás que esto te ayuda a sentirte más liviano y en paz. Estos breves instantes de respiración consciente constituyen una forma de meditación. También puedes encontrar tiempo entre otras actividades del día para sentarte erguido y respirar profundamente hacia adentro y hacia abajo, hacia el estómago. Realiza esto lentamente durante un minuto y notarás cómo te sientes un poco menos estresado al instante. Este tipo de ejercicio de meditación es sumamente útil.

Muchas personas evitan la meditación porque creen que lleva mucho tiempo o simplemente les resulta aburrida. Se imaginan una sesión formal de meditación en la que tienen que permanecer sentados inmóviles durante unos 30-40 minutos mientras meditan, pero esa no es la única opción. Lo que deberías comenzar a practicar es la meditación de atención plena, que no implica una sesión larga e intensa que temes.

La meditación de atención plena te permite dejar que cualquier emoción o pensamiento fluya por tu mente sin centrarte en ellos ni reflexionar demasiado sobre ellos. En su lugar, debes mantener la atención en tu respiración. Esta práctica te enseña a estar más presente en el momento, en lugar de preocuparte por el pasado o incluso por el futuro cercano. En los últimos años, la meditación de atención plena ha ganado popularidad, aunque el concepto es bastante antiguo. Existen numerosas evidencias de los beneficios de esta práctica, por lo que te recomendamos que empieces a practicar la meditación de atención plena. Te ayudará a mejorar tu bienestar mental y físico, como fortalecer el sistema inmunológico, mejorar la salud del corazón, reducir los niveles de estrés y disminuir la presión arterial. La meditación de atención plena te ayudará a relajarte y a sentirte rejuvenecido, como si hubieras estado de vacaciones.

Deberías esforzarte por establecer una práctica regular de meditación y observar cómo estos beneficios se manifiestan a largo plazo. No es necesario que realices una sesión larga de meditación si no lo deseas; simplemente dedica el tiempo que creas conveniente. Unos minutos de meditación consciente por la mañana, antes de acostarte o justo antes de tus sesiones de radiestesia con péndulo, marcarán una gran diferencia. Es bastante sencillo incluir estas sesiones de mini -meditación en tu rutina diaria. Cuanto más practiques la meditación, más fácil te resultará continuar haciéndolo cada día y más duraderos serán los beneficios.

Cuando se trata de meditación, lo más importante es aprender a estar consciente sin importar cuánto tiempo decidas dedicarle. Para lograr esto, debes estar más presente y evitar juzgar cualquier pensamiento o sensación que surja. Además, es esencial que te trates con compasión y amabilidad durante todo el proceso de exploración de tu mundo interior.

Cómo cultivar la meditación consciente

Comienza con una respiración profunda y serena. Toma una inspiración profunda, haz una pausa y exhala lentamente. Repite este simple ejercicio de meditación en varias ocasiones. Puedes realizarlo en cualquier lugar, ya sea en el trabajo, en la comodidad de tu hogar, o incluso durante un vuelo. Al inhalar y exhalar profundamente varias veces, permites que tu cuerpo pase del estado de alerta al modo de reposo y relajación. La respiración profunda disminuye la frecuencia cardíaca, la presión arterial y la ansiedad, lo que te ayudará a recuperar el control en cualquier situación. Además, la práctica de la respiración consciente es beneficiosa para cualquier tipo de sesión de meditación que elijas.

Observa tu cuerpo

Presta atención a cómo responde tu cuerpo ante el estrés. ¿Notas que tu ritmo cardíaco se acelera? ¿Tienes una multitud de pensamientos en la mente? ¿Estás apretando tus puños? Si percibes alguno de estos indicadores, es una señal de que tu cuerpo está experimentando estrés. Simplemente tomando nota de estas señales y reconociendo que estás estresado, te sentirás mejor al comprender que puedes actuar para modificar cómo te sientes. Una mini sesión de meditación, como tomar unos minutos para respirar profundamente, puede ser de gran ayuda.

También observa tus emociones y asigna un nombre a cada una de ellas. ¿Sientes ansiedad? ¿Estás enfadado? ¿Experimentas estrés? Dar nombre a tus emociones parece tener un efecto calmante, ya que estimula la actividad de la parte del cerebro responsable del pensamiento racional, en lugar de la emocional.

Meditación con los ojos abiertos

No es necesario cerrar los ojos en cada sesión de meditación. Puedes practicar una meditación con los ojos abiertos. Este tipo de meditación no busca ayudarte a dormir o alcanzar un estado elevado de conciencia, sino más bien, te ayuda a estar más alerta y consciente. Mantener los ojos abiertos mientras meditas te permite estar más presente y receptivo a lo que acontece en el momento. Este enfoque es especialmente útil si deseas meditar de manera discreta. Simplemente elige un punto de enfoque y concéntrate en él mientras respiras.

Practica la autocompasión consciente

Es común que en muchas ocasiones nos sorprendamos imaginando situaciones que nos generan ansiedad o estrés. Si te percatas de que esto te ocurre, regresa al presente y háblate con amabilidad y comprensión. Tranquilízate y vuelve a sentirte sereno y calmado. La práctica de la autocompasión ayuda a apaciguar tu mente inquieta.

Realiza actividades de atención plena (mindfulness)

Puedes incorporar la atención plena en cualquier actividad que realices, ya sea dar un paseo o conversar con un amigo. Es fundamental que te concentres en el momento presente. Enfocar toda tu atención en el aquí y ahora es algo que muchas personas no logran hacer con facilidad.

Deja que tus pensamientos fluyan

Cuando un pensamiento llega a tu mente, es común empezar a darle vueltas y profundizar en él más de lo necesario, lo cual rara vez es beneficioso. En lugar de eso, es mejor simplemente observar tus pensamientos y permitir que sigan su curso. Al prestar atención a tus pensamientos de una manera más desapegada, aprenderás mucho sobre ti mismo y tu vida. Te darás cuenta de las cosas que te preocupan, lo que valoras y lo que necesitas, así como de que algunas cosas te inquietan con más frecuencia que otras.

Es importante tener en cuenta que tus pensamientos y emociones evolucionan y cambian con el tiempo, y no es necesario profundizar en cada pensamiento que atraviese tu mente. Basta con reconocerlos y observarlos desde la perspectiva de un espectador imparcial. Si sigues dándole vueltas a tus pensamientos, esto te perjudicará más que beneficiarte. También te impedirá concentrarte en el presente y en cualquier tarea que estés realizando en ese momento. Este ejercicio te ayudará a mantener tu mente enfocada en el presente y evitar que tus pensamientos subconscientes manipulen los resultados.

Sonríe

Haz un esfuerzo consciente por sonreír un poco más en cualquier momento. Si observas las estatuas de Buda meditando, notarás que siempre parecen tener una leve sonrisa en su rostro.

Cuando sonríes, tu mente parece relajarse automáticamente. Puedes beneficiar tanto a tu mente como a tu cuerpo sonriendo un poco más cada día. De hecho, algunas personas utilizan la meditación de la risa para relajarse.

Recita un mantra o una oración

Las palabras poseen un gran poder sobre la mente y el cuerpo. Puedes emplear un mantra, lema o una oración como apoyo durante la meditación. Este puede ser una frase que tenga un significado profundo para ti, una oración a los seres superiores en los que crees o un mantra que hayas aprendido. Repetirlo unas cuantas veces te ayudará a sentirte más tranquilo y mejor en cualquier situación, ya que estas palabras tienen el poder de serenarte.

Practica la gratitud

En lugar de enfocarte en lo negativo o en lo que podría salir mal en tu vida, céntrate en lo positivo. Dedica un momento para reflexionar sobre las razones por las que deberías estar agradecido en tu vida; puede ser cualquier cosa, desde la comida en tu mesa hasta un logro alcanzado el año pasado. Practicar la gratitud es una excelente manera de proporcionar estabilidad y felicidad a tu mente.

Todos los métodos mencionados anteriormente son formas sencillas de meditar, aunque no lo parezcan. Intenta incorporar cualquiera de estas prácticas en tu vida diaria y observa cómo impactan en tu bienestar mental. Además, estas meditaciones son una excelente manera de calmar tu mente antes de utilizar un péndulo. Cuanto más practiques la meditación, más fácil será para ti estar consciente de todo lo que haces en la vida. La meditación regular ayudará a despejar tu mente de cualquier pensamiento negativo o innecesario, y en su lugar, te permitirá encontrar el equilibrio.

Mantén la pureza de tu péndulo, sus piedras y cristales

El cuidado y la limpieza son aspectos fundamentales en el manejo de péndulos y otras herramientas de adivinación. Es esencial llevar a cabo la limpieza de forma regular, dado que estas herramientas tienden a acumular energía proveniente del usuario, del entorno y de personas cercanas. Al eliminar cualquier energía negativa presente en los péndulos y herramientas, te aseguras de que funcionen de manera eficiente y sin efectos adversos sobre el usuario.

Tanto si eres un usuario experimentado de péndulos como si recién estás comenzando, es posible que observes que en ocasiones el péndulo se comporta de manera errática o sus movimientos son lentos. Uno de los motivos de este comportamiento podría ser la necesidad de limpiar el péndulo.

Los péndulos pueden estar elaborados a partir de piedras, cristales y otras gemas, y todos estos materiales tienen la capacidad de absorber y retener la energía de su entorno. Para obtener los mejores resultados con el péndulo, es crucial asegurarse de que solo interactúa con tu propia energía o con cualquier otra que desees que utilice. Aunque no es necesario limpiar los péndulos que usas constantemente, es importante hacerlo cuando los adquieras por primera vez, ya que pueden haber pasado por las manos de muchas personas y haber absorbido su energía. Al hacer tuyo un péndulo, es esencial purificarlo de dicha energía antes de comenzar a trabajar con él.

Las piedras y cristales naturales poseen la habilidad de captar y almacenar energías con las que entran en contacto, tanto positivas como negativas. Si bien gran parte de la energía presente en un péndulo puede ser útil, una acumulación excesiva de energía negativa puede impedir que el péndulo funcione a su máximo potencial. Por lo tanto, se recomienda llevar a cabo una limpieza periódica de cualquier cristal, piedra curativa o péndulo que se utilice.

Hay muchas maneras de purificar la energía de estas herramientas de adivinación. A continuación, mencionaremos algunos métodos seguros y efectivos que funcionan con la mayoría de los tipos de piedras e incluso con la plata esterlina. Aunque a menudo se sugiere el uso de sales y líquidos marinos para la limpieza energética, estos pueden corroer la plata esterlina y ciertos tipos de piedras. En su lugar, puedes optar por uno de los siguientes métodos más seguros que recomendamos para la limpieza energética.

Purificación con humo

Puedes conseguir fácilmente varitas de limpieza energética en línea o en tiendas especializadas en herramientas de adivinación. Escoge una varita de hierbas como la salvia blanca o el cedro, enciéndela y luego apaga la llama. A continuación, sostén el péndulo o las piedras sobre el humo fragante que emite la varilla. Pasa el péndulo o las piedras varias veces a través del humo. Este método es sencillo y eficaz para limpiar la energía acumulada en las piedras y herramientas de adivinación.

Arroz Integral

Adquiere un recipiente de tamaño compacto y colma su interior con granos de arroz integral seco, optando, de ser posible, por aquellos de forma redondeada en vez de los alargados. A continuación, sumerge tu piedra o péndulo en el arroz y permítele descansar en él durante uno o dos días. El arroz actuará como absorbente de las energías indeseables del péndulo y purificará la piedra. Tras retirar el péndulo, deshazte del arroz. Es fundamental no ingerir dicho arroz, puesto que ha asimilado la energía negativa que debe ser eliminada en lugar de ser absorbida por nuestro organismo. Este método de limpieza resulta sencillo y efectivo para mantener tus piedras y herramientas adivinatorias en perfecto estado de limpieza y equilibrio energético.

Cristales Purificadores

Existen ciertos cristales que tienen la capacidad de purificar otros cristales de manera eficiente. Entre los más potentes se encuentran el citrino, la selenita, la amatista y la cornalina. Para limpiar tu péndulo o cristal, introdúcelo en una bolsita que contenga cristales de citrino y mantén la bolsa cerrada durante un día entero. Puedes emplear esta técnica con cualquier cristal purificador, el cual absorberá las energías negativas acumuladas en tu péndulo u otras herramientas adivinatorias. Se trata de un método sencillo y efectivo para mantener tus cristales limpios y en equilibrio energético.

Luz Solar Revitalizante

La luz solar puede emplearse como un método adicional de limpieza para tus cristales. Aunque la luz lunar es un medio de limpieza popular, la luz solar es capaz de cargar tus cristales con una energía positiva y vigorizante. La energía solar, más masculina que la femenina energía lunar, resulta más adecuada para programar tus cristales en vez de limpiarlos. No obstante, puedes exponer tus cristales al sol para limpiarlos y programarlos simultáneamente. Lo ideal es hacerlo temprano por la mañana o al final de la tarde, evitando el mediodía, cuando las temperaturas son más elevadas. Unas 3-4 horas de exposición solar serán suficientes para completar la limpieza. Ten en cuenta que ciertos cristales, como la amatista y la fluorita, pueden perder su color bajo la luz solar directa, por lo que deberán ser limpiados mediante otro método.

Luz Lunar Purificadora

Hay diversas maneras de limpiar tus cristales, pero una de las más efectivas es mediante la utilización de la luz lunar. La energía purificadora de la luna es capaz de eliminar cualquier energía negativa y cargar tus cristales con frescura y una vitalidad renovada. Escoge un lugar en el que los cristales puedan recibir la luz lunar directa y déjalos allí durante toda la noche. Los momentos más propicios para hacerlo son la luna llena y la luna nueva, ya que la luz lunar presentará intensas frecuencias que beneficiarán a tus cristales. Esta energía femenina es también excelente para la sanación emocional y espiritual. A diferencia de la luz solar, no existen restricciones al emplear la luz lunar para limpiar tus cristales. Coloca tus cristales o péndulo en un cuenco cerca de una ventana donde puedan recibir la luz de la luna llena y déjalos allí durante toda la noche. Al amanecer, tus cristales estarán limpios y cargados de energía renovada.

Círculo de Cristales

Si posees un conjunto de cristales, como citrino, cornalina, amatista u otros cristales limpiadores, puedes colocar tu péndulo en el centro del grupo y dejarlo allí durante algunas horas. La agrupación de cristales contribuirá a limpiar el péndulo de cualquier energía negativa en ese lapso de tiempo, siendo más efectivo que emplear un solo cristal.

Visualización Luminosa

También puedes limpiar tu péndulo mediante la visualización de una luz purificadora. Sostén el péndulo en tus manos o colócalo frente a ti mientras realizas esta limpieza. Imagina una resplandeciente luz blanca que lo envuelve y atraviesa, purificándolo en el proceso. Visualiza esta luz sanadora lavando y renovando la piedra.

Tierra: Renovación Natural

Una excelente alternativa para limpiar tus cristales es enterrarlos en la tierra, permitiendo que la Madre Naturaleza se encargue del proceso de purificación. Para llevarlo a cabo, simplemente cava un pequeño agujero en el suelo y coloca el cristal en su interior. La tierra absorberá las energías negativas y restablecerá el equilibrio energético del cristal. Escucha a tu intuición para determinar cuánto tiempo deberás dejarlo enterrado, ya sea unos días o incluso un par de semanas. También puedes colocarlo en una maceta con una planta, asegurándote de que esté en contacto con la tierra orgánica.

Agua: Energía Poderosa y Purificadora

El agua posee una energía impresionante que puede ser utilizada para limpiar diversas herramientas adivinatorias, incluyendo cristales y péndulos. Mientras purificas el cristal, sumérgelo bajo un chorro de agua corriente. Se recomienda emplear agua de manantiales naturales o del océano para obtener resultados más efectivos. Visualiza cómo el agua elimina cualquier energía no deseada del cristal, devolviéndolo a su estado puro. Ten en cuenta que ciertos cristales, como la selenita, no deben limpiarse con agua, ya que pueden disolverse fácilmente. También es posible frotar sal marina sobre la piedra junto con agua, pero verifica si tu cristal puede resistir ambos elementos.

Sonido: Vibraciones Sanadoras

Para limpiar tus cristales, puedes valerte de instrumentos musicales como gongs, cuencos tibetanos, tambores o campanillas. Las vibraciones sonoras constituyen una herramienta poderosa en la limpieza energética. Sitúa tu cristal en el centro de un cuenco tibetano o cerca de él mientras generas ondas de sonido. Las vibraciones colaborarán en la eliminación de energías indeseables presentes en tus cristales. Este método es adecuado para todos los cristales y permite limpiar varios de ellos al mismo tiempo si los agrupas.

Una vez que hayas utilizado alguno de los métodos de limpieza mencionados, podrás recargar tus cristales o péndulo con energía positiva. La recarga brinda la oportunidad de infundir nuevamente energía beneficiosa en tus herramientas adivinatorias. Puedes lograrlo mediante luz, afirmaciones, sonidos o simplemente con tu tacto físico. Si dominas el Reiki, también puedes emplearlo para recargar tus cristales o péndulo. Al recargar tus herramientas, las vuelves más sensibles y receptivas.

Es importante evitar el uso de sales para la limpieza, aunque algunas personas lo recomienden. Las sales pueden corroer y dañar la plata, y algunas piedras podrían reaccionar negativamente al contacto con ellas. En lugar de recordar qué piedras pueden limpiarse con sales y cuáles no, es preferible no emplearlas en absoluto. El agua también debe ser utilizada con precaución. Si la plata entra en contacto con el agua, podría acelerar su proceso natural de oxidación. Además, la selenita cristalina puede volverse turbia al sumergirse en agua, y esta opacidad podría ser permanente en el cristal.

Usa el Poderoso Mantra "OM"

Como ya lo hemos visto, los péndulos son sensibles a las energías de su entorno, lo que puede interferir en su eficacia y precisión. Por lo tanto, es esencial realizar una limpieza energética regular de tu péndulo para mantener su pureza vibratoria. Este es uno de mis métodos favoritos ya que puedes hacerlo en cualquier lugar y no dependes de otra cosa más que tu péndulo, tu voz y algo de tranquilidad. En este tutorial, te guiaremos a través del uso del sonido para purificar energéticamente tu péndulo, mediante la poderosa entonación del mantra sagrado "OM".

Paso 1: Encuentra un espacio tranquilo

Selecciona un espacio tranquilo y silencioso donde puedas sentarte cómodamente y concentrarte sin distracciones. Asegúrate de que el espacio esté libre de ruidos o perturbaciones externas, ya que esto garantizará la eficacia del proceso de limpieza energética con sonido.

Paso 2: Concéntrate

Siéntate cómodamente con las piernas cruzadas o en una silla con los pies apoyados en el suelo. Cierra los ojos y respira profundamente varias veces. Al inhalar, siente cómo el aire llena tus pulmones, y al exhalar, libera cualquier tensión o estrés de tu cuerpo. Repite este proceso hasta que te sientas relajado y concentrado.

Paso 3: Sujeta el péndulo

Toma el péndulo con tu mano dominante, permitiendo que cuelgue libremente. Asegúrate de que hay suficiente espacio para que el péndulo se mueva sin ninguna obstrucción.

Paso 4: Comienza a cantar "OM"

Con los ojos cerrados, respira profundamente y comienza a cantar el mantra "OM" en voz alta. Mientras entonas, siente la vibración del sonido resonando en tu cuerpo y en el espacio que te rodea. Puedes también visualizar una luz blanca o dorada que envuelve el péndulo mientras cantas, lo que reforzará el proceso de limpieza.

Paso 5: Repite "OM" tres veces

Canta "OM" tres veces en total, permitiendo que las vibraciones del sonido purifiquen el péndulo. Entre cada canto, tómate un momento para respirar profundamente y mantener tu atención en el péndulo.

Paso 6: Observa el movimiento del péndulo

Después de cantar "OM" tres veces, observa el movimiento del péndulo. Puede oscilar, girar o permanecer quieto. Este movimiento indica que el proceso de limpieza está funcionando y que el péndulo está liberando cualquier energía no deseada.

Paso 7: Aterriza la energía

Para finalizar el proceso de limpieza, visualiza que las energías no deseadas se liberan del péndulo y vuelven a la tierra para transformarse en energía positiva. Respira profundamente y, al exhalar, imagina que cualquier residuo de negatividad fluye por tu cuerpo hacia la tierra.

Paso 8: Expresa tu gratitud

Por último, expresa tu gratitud al péndulo por su ayuda y al sonido sagrado "OM" por su poder de limpieza.

Puedes hacerlo en silencio o en voz alta. Agradece al universo por su apoyo en mantener la pureza energética de tu péndulo.

Recuerda que mantener la pureza vibratoria de tu péndulo es esencial para garantizar una guía precisa y clara. Al limpiar tu péndulo con sonido, especialmente al cantar el poderoso mantra "OM", estarás asegurándote de que su energía esté siempre en su mejor estado. Practica esta técnica de limpieza con la frecuencia que consideres necesaria y disfruta de los beneficios de trabajar con un péndulo bien mantenido.

★

"El péndulo es una herramienta de curación que nos permite liberar bloqueos emocionales y conectar con nuestro potencial de sanación".

Activando tu péndulo

Cuando te encuentres en busca de claridad o necesites asistencia para resolver un dilema, puedes recurrir a tu péndulo como guía. Sin embargo, no debes depender exclusivamente de él para tomar todas tus decisiones importantes. Es esencial que no eludas la responsabilidad de tus elecciones y confíes ciegamente en el péndulo. Ten en cuenta que tu péndulo se conecta con tu energía, por lo que debes ser consciente de ello. A pesar de esto, puede ser útil en la mayoría de las situaciones y servir como un faro de orientación.

Para comenzar a utilizar péndulos, es fundamental seleccionar uno que te llame la atención y te genere conexión. No hay elecciones correctas o incorrectas en este proceso, simplemente confía en tus instintos y opta por el que sientas más adecuado para ti. Presta atención a tus emociones y sensaciones cuando tomes y sostengas un péndulo. Si confías en tu intuición, podrás elegir el péndulo más apropiado para ti, independientemente de su tipo y material.

Cómo utilizar tu péndulo

Una vez que hayas escogido tu péndulo, es momento de aprender a emplearlo. A continuación, se detallan algunas recomendaciones para comenzar:

Límpialo

Antes de usar tu péndulo, es crucial limpiarlo, tal como mencionamos previamente. Al igual que los cristales, los péndulos pueden acumular energías residuales que afecten su energía propia, así como su precisión y efectividad. Por ello, se sugiere utilizar métodos de limpieza como la purificación. Luego de limpiar el péndulo, recárgalo con energía positiva antes de empezar a utilizarlo. De esta forma, te asegurarás de que tu péndulo se encuentre en óptimas condiciones para brindarte orientación clara y precisa.

Adopta la posición correcta

Se aconseja sentarse con la espalda erguida y los pies apoyados en el suelo al utilizar tu péndulo. Con la mano dominante, sujeta la cadena o cuerda del péndulo con el pulgar y el índice. Puedes agarrar la cadena en cualquier punto, pero asegúrate de dejar suficiente espacio entre la piedra del péndulo y tus dedos para permitir un movimiento libre. A continuación, flexiona ligeramente la muñeca manteniendo el antebrazo firme. Si lo prefieres, puedes apoyar el codo o antebrazo en el reposabrazos de una silla o en el borde de una mesa. Asegúrate de sostener el péndulo con firmeza para que no se caiga, pero permitiendo que se mueva libremente. Es normal que tu mano tiemble un poco, pero no te preocupes, esto no afectará el resultado.

Comprende sus movimientos

Para usar el péndulo de manera efectiva, es fundamental entender su lenguaje y qué movimientos simbolizan diferentes respuestas. Antes de comenzar a formular preguntas, se recomienda meditar y preparar tu mente y energía. Busca un lugar tranquilo para sentarte y sostén el péndulo en tu mano. Plantea preguntas que te ayuden a comprender los movimientos del péndulo, como "¿cómo me indicas un 'sí'?" También puedes hacer preguntas cuyas respuestas ya conozcas para practicar y familiarizarte con sus señales. A medida que utilices el péndulo, irás aprendiendo qué movimientos representan diferentes respuestas. Es fundamental comprender los movimientos que simbolizan un "sí" o un "no" para poder interpretar correctamente sus mensajes.

Formulando preguntas

Cuando te sientas listo para empezar a hacer preguntas, asegúrate de que estas sean claras y concisas. Evita preguntas ambiguas o que requieran respuestas complejas. En general, las preguntas que se pueden responder con un simple "sí" o "no" funcionan mejor. También es importante enfocar tu energía en la pregunta y evitar distracciones que puedan influir en la interpretación de las respuestas del péndulo.

Interpretando las respuestas

Una vez que hayas formulado una pregunta y el péndulo comience a moverse, observa atentamente sus movimientos. Dependiendo de la dirección en la que se balancee, podrás determinar si la respuesta es afirmativa o negativa. Ten en cuenta que, en ocasiones, el péndulo podría no proporcionar una respuesta clara, lo cual puede indicar que no es el momento adecuado para realizar la pregunta o que se requiere más información.

Práctica y paciencia

Como con cualquier habilidad, utilizar un péndulo requiere práctica y paciencia. No te preocupes si al principio no obtienes respuestas claras o precisas. Continúa trabajando en tu conexión con el péndulo y en tu habilidad para formular preguntas adecuadas. Con el tiempo, te volverás más experto en la interpretación de las señales del péndulo y en la obtención de guía y claridad para tus decisiones.

Personalizando tu péndulo

El proceso de personalización del péndulo es una opción valiosa para controlar sus movimientos y asegurarte de obtener las respuestas que buscas. Por ejemplo, puedes configurar el péndulo para que se balancee en sentido horario cuando la respuesta sea afirmativa. Inicialmente, enfócate en programar el péndulo para que responda a "sí", "no" y "quizás". Posteriormente, podrías contemplar otras respuestas posibles y adaptar el péndulo a esos movimientos específicos. Una vez personalizado, haz preguntas de prueba para verificar la precisión de las respuestas y asegurarte de que esté funcionando adecuadamente antes de realizar consultas importantes.

Establece o verifica la fuente de las respuestas

Antes de hacer preguntas con el péndulo, resulta fundamental definir la fuente de las respuestas que recibirás. Puedes configurar el péndulo para conectarse con tu yo superior y, de esta manera, obtener respuestas precisas y honestas. Para quienes practican la magia personal, es aún más esencial determinar la fuente de las respuestas, ya que entidades negativas podrían manipular el péndulo y tergiversar las respuestas. Al establecer la fuente adecuada, te aseguras de que las respuestas provengan del lugar correcto y se evite cualquier manipulación no deseada.

Comienza con pregunta simples

Al iniciar el uso del péndulo, se recomienda realizar preguntas sencillas cuyas respuestas ya conozcas. Así, podrás familiarizarte con los movimientos del péndulo y establecer una conexión con él. Además, esta práctica te permitirá determinar si tu péndulo requiere una limpieza adicional antes de utilizarlo en consultas más complejas.

Prepara tus preguntas con antelación

Antes de utilizar el péndulo, es importante tener preguntas bien pensadas y no improvisar en el momento. Reflexiona detenidamente sobre las consultas que te ayudarán a esclarecer la situación que deseas explorar. Formula estas preguntas de manera que el péndulo pueda proporcionar respuestas precisas de sí o no. Sin embargo, ten en cuenta que a veces el péndulo podría optar por no responder, deteniéndose o mostrando un movimiento que indique que no es el momento adecuado para hacer esa consulta.

Sé paciente y mantén la mente abierta

Se aconseja tener paciencia al esperar las respuestas del péndulo. Aunque en ocasiones pueda responder con rapidez, generalmente toma más tiempo proporcionar respuestas precisas. Es fundamental concentrarse por completo en la pregunta y no pensar en lo que deseas como respuesta. Si te distraes o te impacientas, el resultado puede verse afectado.

El péndulo siempre ofrecerá una respuesta, pero quizás sea necesario reformular la pregunta o plantearla de manera diferente si no se recibe una respuesta clara. Cuando el péndulo se mueve con fuerza, indica una respuesta contundente, mientras que un movimiento ligero puede sugerir una respuesta menos firme.

Pídele permiso

Antes de utilizar el péndulo, algunos radiestesistas prefieren pedir permiso a través de su herramienta. Existen tres enfoques comunes para hacerlo:

"¿Puedo?"

"¿Está permitido?"

"¿Es conveniente?"

Al iniciar una pregunta con "¿Puedo?", estás solicitando al péndulo autorización para emplearlo en una tarea específica, como localizar un objeto perdido. Si el péndulo indica un "no" en su movimiento, podría significar que no posees suficiente experiencia o conexión con la herramienta para tener éxito en esa tarea en particular. En tal caso, no debes desanimarte; en lugar de ello, practica más para mejorar tu habilidad con el péndulo antes de emplearlo en actividades más complejas.

Cuando realizas una pregunta que comienza con "¿Está permitido?", estás pidiendo consentimiento a los poderes superiores para utilizar el péndulo con tu propósito. Si el péndulo señala una respuesta afirmativa, cuentas con la aprobación necesaria y puedes comenzar a usarlo. Si la respuesta es negativa, debes detenerte. Esto ocurre a menudo cuando intentas emplear el péndulo para hacer preguntas para las cuales no estás preparado para conocer las respuestas o que no tienes derecho a realizar.

Al hacer una pregunta que empiece con "¿Es conveniente?", estás consultando al péndulo si es apropiado continuar con lo que deseas hacer con él. Por ejemplo, podrías querer emplear el péndulo para sanar a alguien, pero al preguntarle al péndulo si deberías hacerlo, presta atención a la respuesta que recibes. Si el péndulo indica que no, podría significar que la actividad sanadora podría afectarte a ti o a la persona que deseas sanar negativamente. Si le preguntas al péndulo si deberías buscar algo y te dice que no, puede significar que estás destinado a perderlo o que encontrarlo te impactará negativamente de alguna manera.

No cuestiones las respuestas que te brinda el péndulo. Procede con fe y confianza en él. Esta es la única forma en que podrás conectarte genuinamente con el péndulo. Si obtienes un "no" como respuesta, sigue adelante. Si la respuesta es sí, continúa con tu propósito.

¿Quién puede tocar mi péndulo?

Una creencia común entre quienes practican la radiestesia, la sanación y la terapia con péndulo, es que este no debe ser tocado por nadie más que se dueño. Nosotros respetamos esta opinión, pero no consideramos que sea algo mandatorio. Si bien el no tocarlo directamente y solo tomarlo por la cadena le da misticismo y por ende un poder energético y misterioso adicional a tu péndulo, no te preocupes mucho si alguien lo toma, en este caso solo límpialo energéticamente sosteniéndolo en su posición inicial y haciendo que gire 10 veces o más mientras visualizas que cualquier carga o energía externa a este, se evapora del mismo.

Si por accidente tu péndulo cae al piso, solo revisa que no sufra fisuras o daños que puedan dañar su equilibro o precisión.

Comprende los movimientos de tu péndulo

Cada persona tiene un código personal para interpretar los movimientos de su péndulo, lo que indica que estos instrumentos responden a la personalidad del usuario y a sus movimientos. No se puede esperar que un péndulo se comunique de la misma manera con todas las personas, por lo que es mejor trabajar con modelos simples. Los principiantes deben evitar los péndulos pesados y sujetarlos desde el extremo de la cuerda o alambre con los dedos índice y pulgar para observar sus movimientos.

El movimiento del péndulo en el sentido de las agujas del reloj se interpreta generalmente como un "sí", mientras que el movimiento contrario a las agujas del reloj suele interpretarse como un "no". Sin embargo, las personas zurdas tienden a traducir las interpretaciones en sentido contrario, lo que significa que una persona diestra interpretará el movimiento del péndulo en el sentido de las agujas del reloj como un "sí", mientras que una persona zurda interpretará el movimiento del péndulo en sentido contrario a las agujas del reloj como un "sí". Con experiencia, cualquier tipo de péndulo puede ser utilizado con precisión.

Principales movimientos del péndulo

Es útil establecer interpretaciones generales de los movimientos del péndulo para los principiantes, aunque cada persona debe interpretarlos de manera personal. Esto puede ayudar a comprender su péndulo antes de conectar con él a un nivel más profundo del subconsciente.

El material del que está hecho el péndulo no suele ser determinante para su uso exitoso, ya que cada persona responde de manera diferente a diferentes tipos de péndulos. Mientras que alguien puede preferir un péndulo de cristal en particular, otra persona puede sentir una conexión más fuerte con uno de madera. El péndulo que estimule una respuesta o conexión con cada individuo es el que será más efectivo para ellos.

Movimientos

A continuación, se describen las formas en las que un péndulo puede moverse:

Oscilando en un eje horizontal o vertical.

Girando en el sentido de las agujas del reloj o en sentido contrario.

Oscilando a lo largo de cualquier eje de 360 grados.

Movimiento desordenado o caótico.

Movimiento en línea recta.

Dibujando elipses anchas o estrechas.

Dibujando círculos estrechos o anchos.

Permaneciendo inmóvil.

Movimiento suave o enérgico.

Movimiento en espiral.

Agitación.

Movimiento rápido o lento.

Cada uno de estos movimientos puede tener un significado específico para el individuo que utiliza el péndulo. Es fundamental aprender a interpretarlos correctamente y adaptarse a las respuestas que el péndulo proporciona. A medida que la práctica avanza y la conexión con el péndulo se fortalece, los usuarios podrán interpretar con mayor precisión los movimientos y comprender las respuestas que este instrumento les proporciona.

Existen diversas formas generales en las que tu péndulo puede moverse libremente, y la interpretación de estos movimientos recae en ti. La manera más sencilla de aprovechar el poder de los péndulos es desarrollar tu propio código para comprender cuándo señalan una respuesta afirmativa o negativa. Si eres principiante, es probable que utilices el péndulo principalmente para hacer preguntas y solo necesites interpretar los movimientos de "sí" o "no". Sin embargo, para un uso avanzado de los péndulos, será necesario establecer un código para interpretar todos estos movimientos.

Los péndulos pueden comunicar mucho más que un simple "sí" o "no", y lo que debes hacer es asociar una respuesta específica a cada movimiento. Por ejemplo, si el péndulo se desplaza en una línea recta vertical, podrías interpretarlo como un "quizás" o "tal vez".

Si interpretas un movimiento horizontal en línea recta como una respuesta de "conflicto" o "bloqueo", puedes plantearle al péndulo algunas preguntas adicionales que no puedan ser respondidas con un simple "sí" o "no". Por ejemplo, podrías preguntarle al péndulo si tienes miedo de enfrentarte a la verdad o si la respuesta podría perjudicarte.

Mientras asocias los movimientos del péndulo con las respuestas, también debes prestar atención a la intensidad del movimiento. La intensidad del movimiento puede ayudarte a comprender la veracidad o la fuerza de la respuesta del péndulo. Por ejemplo, si el péndulo se mueve con energía en sentido contrario a las agujas del reloj, probablemente signifique un "no" rotundo. Del mismo modo, si el péndulo realiza movimientos pequeños en el sentido de las agujas del reloj, podría indicar un "sí", pero no uno particularmente significativo.

Si tu péndulo se sacude:

Si observas que tu péndulo tiembla, es posible que esté tratando de comunicarte algo y aún no estés preparado para interpretar su respuesta. El temblor del péndulo podría sugerir que estás formulando la pregunta incorrecta y debes replantearla. También puede señalar que no estás lo suficientemente enfocado en la tarea que tienes entre manos.

El péndulo también puede temblar de manera errática si te encuentras emocionalmente alterado mientras haces preguntas. Como aprenderás en este libro, es fundamental mantener la calma y estar centrado antes de utilizar el péndulo. Tus emociones y pensamientos influirán en los movimientos del péndulo. Cualquier sentimiento o emoción negativa puede hacer que tu péndulo tiemble. Si crees que esta es la razón por la que tu péndulo está temblando, sería conveniente tomarte un momento para meditar. Al meditar y relajarte, podrás establecer una mejor conexión con el péndulo, y este comenzará a moverse con normalidad de nuevo.

Si tu péndulo sigue temblando incluso después de utilizarlo en un estado de calma, puede ser necesario limpiarlo. Hacer una limpieza del péndulo durante la luna llena es una práctica beneficiosa. Puedes elegir el método que prefieras y realizar un ritual de limpieza. Luego, puedes intentar utilizar el péndulo de nuevo y ver si sigue temblando.

★

"La sabiduría del péndulo nos enseña que no hay límites para lo que podemos conocer si estamos dispuestos a escuchar con atención".

Comunicarte con tu péndulo

Los péndulos son herramientas que pueden utilizarse para hacer todo tipo de preguntas, ya sea sobre tu carrera, relaciones o cualquier otra cosa importante en tu vida. No hay límite en el número de preguntas que puedas hacer con el péndulo ni en la frecuencia con la que puedas utilizarlo. Lo más importante es hacer preguntas específicas y mantener una actitud emocionalmente neutral para que el péndulo te dé respuestas lo más cercanas a la verdad posible.

Con más experiencia y habilidad, podrás realizar un trabajo más avanzado con el péndulo. Podrás pedir respuestas de diferentes maneras o utilizar el péndulo de otras formas. Pero para empezar, haz preguntas precisas a las que el péndulo pueda responder fácilmente con un sí o un no.

Quizás te estés preguntando cuál es la carrera profesional más adecuada para ti, y puede que tengas dos opciones entre las que estés indeciso. En este caso, puedes recurrir a tu péndulo en busca de orientación, pero debes hacer preguntas específicas, incluso sobre este tema. Puedes pedirle al péndulo que te ayude a elegir entre diferentes campos de trabajo o que te proporcione información sobre tus objetivos. Por ejemplo, si te interesa la pintura, puedes preguntarle al péndulo si se te darían mejor los retratos o los paisajes. Este tipo de preguntas específicas te darán una mejor orientación. A continuación, puedes utilizar estas respuestas para centrar tu energía en algo más definido, en lugar de perderte en otro dilema. Puedes explorar muchas más opciones cuando utilizas el péndulo para tomar este tipo de decisiones.

Si tienes una pregunta que no parece tener una respuesta definitiva, piensa en cómo puedes reformularla. En lugar de hacer una pregunta amplia, intenta reducirla y te ayudará a obtener una respuesta más clara y precisa.

Preguntar sobre relaciones

Aquí te presentamos algunas formas en las que puedes plantear preguntas a tu péndulo sobre relaciones:

En primer lugar, piensa cuidadosamente en el tipo de preguntas que deseas hacer. Cuanto más específicas sean tus preguntas, más claras serán las respuestas que obtendrás.

Algunas preguntas que puedes hacer son:

• "¿Seré feliz en mi vida amorosa este año?".

- "¿Conoceré pronto a mi alma gemela?".

- "¿La persona que amo siente lo mismo por mí?".

- "¿Estoy en la relación adecuada?".

- "¿Volveré con la persona de mi pasado?".

Las preguntas que tengas serán subjetivas a tu vida y a lo que desees saber sobre tus relaciones. Estas son sólo algunas preguntas comunes que la gente suele hacerle a su péndulo.

Ahora que sabes qué preguntas quieres hacer, es momento de empezar. Primero, debes magnetizar tu péndulo. Para ello, sostén tu péndulo en una mano y déjalo flotar sobre la palma de la otra mano. La palma de esta otra mano debe estar hacia arriba mientras la punta de tu péndulo mira hacia la palma. El péndulo debe estar a unos 5 cm por encima de la palma. Ahora mueve el péndulo hacia adelante y hacia atrás. Comenzará a moverse en movimientos circulares, primero en una dirección y luego en la contraria. Por ejemplo, puede moverse primero en sentido de las agujas del reloj y luego en sentido contrario. Después se detendrá, y tu péndulo estará cargado con la energía de tu mente y de tu cuerpo.

Si no estás seguro de la respuesta de tu péndulo a alguna de tus preguntas, puedes hacer otras preguntas más claras para aclararlas. Pregúntale al péndulo si está seguro o si te está diciendo la verdad. A continuación, observa cómo se mueve el péndulo. Es mejor no entrar en esto con dudas. Creer en cualquier herramienta de adivinación es importante para que te funcione bien. Confía en tu péndulo y deja que se exprese. Te dará información útil sobre cualquiera de las dudas que tengas sobre relaciones.

Preguntar sobre tu trabajo o carrera

Si estás confundido sobre cosas relacionadas con tu carrera, puedes hacer preguntas como las siguientes:

• "¿Es un buen momento para cambiar de trabajo?".

• "¿Sería ésta una buena alternativa profesional para mí?".

• "¿Podré ascender más si asumo este puesto?".

• "¿Debería hacer este curso para mejorar mis perspectivas laborales?".

• "¿Es rentable convertir esta afición en una aventura empresarial?".

• "¿Debo pedir un aumento de sueldo ahora?".

• "¿Tengo suficiente experiencia para dirigir un equipo?".

• "¿Me va a ayudar esta empresa a que me vaya bien en mi carrera profesional?".

Todas estas son preguntas importantes que la mayoría de la gente se plantea a lo largo de su carrera. Ahora puedes utilizar el péndulo para obtener más claridad a la hora de tomar decisiones relacionadas con tu carrera. Puedes usar tus instintos para hacer cualquier pregunta que quieras, y dependerá totalmente de ti confiar en las respuestas que te dé el péndulo.

Preguntas relacionadas con el miedo y la ansiedad

Si alguna vez enfrentas momentos de ansiedad o miedo, el péndulo puede ser un aliado valioso para ayudarte a superar dichas emociones. Al formular preguntas específicas y bien definidas, como las que se enumeran a continuación, puedes obtener una mayor comprensión de tus emociones y así enfrentarlas de manera más efectiva:

• "¿Cuáles son los factores desencadenantes de mi ansiedad?".

• "¿Qué estrategias puedo emplear para disminuir mi ansiedad?".

• "¿Sería beneficioso hablar con alguien acerca de mis temores?".

• "¿Qué pasos puedo seguir para superar mis miedos?". • "¿Cuál es el enfoque más adecuado para reducir mi ansiedad?".

Además, puedes utilizar el péndulo para guiarte en la selección de cristales o piedras que te ayuden a aliviar la ansiedad o enfrentar tus miedos. Plantea preguntas específicas sobre cuál es el cristal más efectivo para ti y cómo puedes aprovechar al máximo sus propiedades. Con la ayuda del péndulo, puedes descubrir maneras efectivas de abordar tus preocupaciones y ansiedades.

Para obtener respuestas más precisas del péndulo, es aconsejable plantear preguntas sobre decisiones y resultados en lugar de preguntar acerca de tus emociones. Al hacer preguntas sobre otras personas, es crucial formularlas de manera que estén relacionadas contigo. De esta forma, el péndulo podrá proporcionarte respuestas más acertadas, ya que está conectado contigo y no con la otra persona. Ten en cuenta que el péndulo te brindará respuestas vinculadas a ti y tus propias decisiones.

Preguntas relacionadas con alguna situación

Si necesitas hacer preguntas sobre el tiempo y cuándo tomar ciertas decisiones, puedes hacerlas de la siguiente manera:

• "¿Es el momento adecuado para comenzar este proyecto?"

• "¿Es este el momento adecuado para invertir en esta oportunidad?"

• "¿Es el momento adecuado para buscar un nuevo empleo?"

• "¿Es un buen momento para hacer una gran compra?"

Es importante ser específico en tus preguntas para que puedas obtener respuestas más claras y útiles de tu péndulo. Además, recuerda estar en un estado de calma y neutralidad emocional antes de usar el péndulo para tomar decisiones importantes.

Consejos para utilizar tu péndulo con éxito

A continuación, se presentan algunos consejos útiles para utilizar tu péndulo de manera más eficiente y obtener resultados más precisos. Estos consejos han sido respaldados por numerosos profesionales de la radiestesia y están basados en su experiencia.

Elige el péndulo adecuado

Al seleccionar un péndulo, es crucial que sientas una conexión con él. Si no sientes ninguna conexión, es menos probable que obtengas resultados óptimos en la radiestesia u otras prácticas.

Tómate el tiempo necesario para escoger tu primer péndulo y prueba varios hasta encontrar el que mejor se adapte a ti. Si te sientes atraído por el color del péndulo, esto puede ser una indicación de que es el adecuado para ti. La elección del péndulo correcto puede marcar una gran diferencia en el éxito de tu práctica.

Utiliza tu mano dominante

Es recomendable que utilices tu mano dominante para sostener el péndulo. Si eres diestro, utiliza la mano derecha, mientras que si eres zurdo, usa la izquierda. Aunque pueda parecer obvio, muchas personas no lo tienen en cuenta. Asegúrate de sujetar cómodamente la cuerda o cadena del péndulo para que pueda moverse libremente y proporcionar respuestas precisas.

Realiza una limpieza energética

Mantener una buena energía en ti mismo y en tu entorno es esencial, por lo que debes realizar una limpieza energética regularmente. Un método sencillo consiste en la visualización: imagina una luz blanca que te envuelve y atraviesa, sintiendo cómo la energía positiva fluye desde fuerzas superiores. Esto ayudará a eliminar cualquier energía negativa y a mantener una actitud positiva en tu práctica con el péndulo.

Establece un código de comunicación con tu péndulo

Antes de usar tu péndulo, es fundamental que establezcas un código para los movimientos del péndulo. Esto implica asignar un significado específico a cada movimiento que realice el péndulo. Por ejemplo, un movimiento hacia la derecha podría representar "sí", mientras que uno hacia la izquierda podría indicar "no". También puedes pedirle al péndulo que te muestre cómo se mueve cuando significa "sí" o "no". Es crucial que anotes el significado de cada movimiento para interpretar correctamente las respuestas que te proporciona el péndulo. De esta manera, podrás usar el péndulo de manera efectiva y obtener respuestas precisas a tus preguntas.

Comienza con preguntas básicas

Al empezar a usar un péndulo, es importante no apresurarse en abordar trabajos complejos o hacer preguntas profundas. En su lugar, empieza con preguntas simples cuyas respuestas ya conozcas. Así podrás familiarizarte con la forma en que el péndulo responde y conectar mejor con él antes de utilizarlo con propósitos más serios.

Especifica la fuente de las respuestas

Antes de hacer preguntas, es vital especificar la fuente de la información que buscas. Si no lo haces, el péndulo puede ofrecerte respuestas provenientes de tu subconsciente, en lugar de las respuestas correctas de las fuerzas superiores. Por ello, es crucial comenzar cada sesión de radiestesia invocando a los poderes superiores y pidiendo guía y respuestas que estén alineadas con un propósito superior. Puedes decir algo como: "Invoco a los poderes superiores para que me guíen y respondan a mis preguntas. Busco la verdad absoluta que esté alineada con un propósito superior". Expresarte de esta manera ayudará a tu péndulo a recibir las respuestas correctas.

Respira y mantén la calma

Para centrarte y calmar cualquier ansiedad, practica una respiración lenta y constante. Inhala y exhala profundamente varias veces antes de comenzar. Esto te permitirá enfocarte en la tarea que tienes entre manos y obtener respuestas más precisas y coherentes de tu péndulo. Calma tu mente

Antes y después de una sesión de radiestesia es importante tener una mente en calma. Puedes lograr esto a través de la meditación. Siéntate en silencio y visualiza un lugar feliz y sin distracciones, como una playa o un bosque. Al imaginar este ambiente tranquilo, puedes calmar tu mente y establecer un tono pacífico para tu sesión de radiestesia. Tu mente consciente estará en reposo mientras meditas.

Conéctate con la Tierra (el suelo)

Antes de trabajar con tu péndulo, dedica unos minutos a conectarte con la tierra. Encuentra un lugar tranquilo donde puedas sentarte cómodamente en silencio, desconecta tu teléfono y asegúrate de que no serás interrumpido. La meditación es una de las formas más efectivas de centrarse y conectarse a tierra. Independientemente del método que elijas para conectarte, asegúrate de incluirlo en tu práctica de radiestesia. Un ejercicio de conexión a tierra es esencial y te será beneficioso. Puedes visualizar tu cuerpo conectado a la tierra como un árbol con raíces profundas, que se adentran en el manto terrestre mientras rodean grandes cristales de cuarzo. Esto te ayudará a sentirte centrado y conectado a la tierra.

Mantén la objetividad

Es crucial mantener la neutralidad al utilizar el péndulo. A menudo, las personas influyen en las respuestas del péndulo con su mente consciente porque desean que el péndulo les dé la razón. Sin embargo, esto no proporcionará resultados útiles. Por lo tanto, trabaja en ser lo más objetivo posible y mantente abierto a cualquier respuesta que te dé el péndulo.

Mantente presente

Es fundamental mantener tu mente enfocada en el presente y en la tarea que estás realizando con el péndulo. Evita pensar en otras cosas mientras lo utilizas. Despeja tu mente y evita pensar en el pasado o en el futuro. Concéntrate únicamente en el ejercicio de radiestesia en el momento presente. Tratar de hacer varias cosas al mismo tiempo puede afectar negativamente los resultados que obtengas.

Tómate tu tiempo

No te apresures al utilizar el péndulo. Permítele tiempo para oscilar en los movimientos correctos mientras te proporciona respuestas.

Controla tus emociones

Evita usar el péndulo cuando estés en un estado emocional, ya que esto afectará el resultado. Los resultados de la radiestesia obtenidos en un estado emocional no son confiables. Además, esfuérzate por ser más objetivo al formular preguntas y evita hacerlas con carga emocional. Esto te permitirá mantener los pies en la tierra y obtener respuestas precisas. Dejar a un lado las emociones será de gran ayuda en tus sesiones de radiestesia.

Sé claro y preciso

Si deseas respuestas más claras de tu péndulo, habla con voz clara y firme al formular las preguntas. Esto facilitará respuestas más sólidas del péndulo. Además, puedes usar tu mano para enfocar la energía del péndulo, colocando la palma de tu mano debajo del péndulo para ayudar a concentrar la energía. La práctica frecuente te permitirá mejorar tus habilidades al trabajar con el péndulo.

Consejos para formular preguntas adecuadamente

La calidad de las respuestas que obtengas del péndulo dependerá también de la calidad de las preguntas que formules.

Utilizar lenguaje concreto como nombres, lugares y fechas te ayudará a delimitar el alcance de la pregunta y obtener una respuesta más precisa. Por ejemplo, en lugar de preguntar si le gustas a alguien, sería más específico preguntar si Juan siente atracción por ti. Recuerda que la calidad de la pregunta influirá en la calidad de la respuesta que obtengas del péndulo.

Evita emplear expresiones como "se supone que" o "será qué" en tus interrogantes. Asegúrate de formular preguntas que puedan responderse con un simple sí o no. Si reflexionas al respecto, cualquier pregunta puede reestructurarse de este modo.

Cómo determinar si tu péndulo dice la verdad

Los péndulos son objetos que pueden ser movidos por tu consciencia y subconsciencia. Por ejemplo, puedes indicarle al péndulo que se desplace en una dirección específica, como en el sentido de las agujas del reloj. Asimismo, puedes solicitarle al péndulo una respuesta de sí o no, señalándole cómo debe moverse para cada respuesta. El péndulo obedecerá tus indicaciones, lo cual representa una forma de ejercer control consciente sobre él.

No obstante, es crucial que evites intentar controlar la respuesta exacta que el péndulo te brinda, de modo que puedas confiar en su veredicto. A veces, mantener una actitud neutral al hacer ciertas preguntas al péndulo resulta complicado. Por ejemplo, si preguntas si ganarás la lotería, probablemente responderá afirmativamente porque es lo que anhelas. Las cuestiones que poseen un significado emocional para ti pueden influir en la respuesta del péndulo.

Sin embargo, si logras mantener una actitud neutral y desapegada del resultado, es probable que el péndulo proporcione una respuesta más precisa.

Es fundamental mantener la calma y formular al péndulo preguntas claras que te proporcionen respuestas precisas. Si te enfrentas a un tema complejo que te preocupa, es recomendable dividirlo en preguntas más sencillas para comprender cómo las fuerzas superiores intentan guiarte. Ten presente que el sistema de sí o no, no será efectivo si le planteas algo demasiado intrincado para ser respondido de esa manera.

Otra manera de obtener respuestas del péndulo es trazando un gráfico con diferentes opciones, como sí, no, tal vez, cambiar la pregunta, entre otros. Puedes sostener el péndulo sobre el esquema para conocer la respuesta adecuada. Si se desplaza hacia "cambiar la pregunta", tendrás que replantear tu interrogante de otro modo. Es crucial permitir que el péndulo se mueva por su propia voluntad y no manipular su desplazamiento con tu mente consciente o subconsciente.

El poder de las afirmaciones y los péndulos

Las afirmaciones positivas constituyen una herramienta poderosa que puede mejorar tu vida y atraer todo aquello que deseas. Sin embargo, no todos experimentan resultados tangibles en su práctica de afirmaciones. Esto se debe principalmente a que no creen realmente en las afirmaciones que están repitiendo. Si no recitas tus afirmaciones positivas con regularidad y no crees en su veracidad, no alcanzarás el éxito. Hay una diferencia entre decir "me haré millonario" y creer en ello de verdad. Para que funcionen, debes creer en tus afirmaciones a nivel consciente y subconsciente.

Las afirmaciones positivas te ayudan a superar pensamientos negativos y a creer en tu capacidad para lograr lo que deseas. Pueden ser efectivas en diversas áreas de tu vida, como dejar de fumar, ganar más dinero, encontrar el amor, perder peso, tener éxito en tu carrera, desarrollar buenos hábitos, mejorar tu personalidad, viajar a destinos deseados, deshacerte de malos hábitos y alcanzar cualquier otro objetivo que anheles. Mediante la práctica constante de afirmaciones positivas y la creencia en su veracidad, puedes lograr tus metas y mejorar tu calidad de vida.

Además, otra técnica que puede resultar útil en conjunto con las afirmaciones es el uso de péndulos. Un péndulo es un objeto suspendido que se mueve libremente en una dirección, y su movimiento puede ser utilizado para obtener respuestas de tu subsconsciencia. Puedes emplear un péndulo para ayudarte a enfocarte en tus afirmaciones y aumentar tu fe en ellas. Al sostener un péndulo sobre una afirmación y permitir que se mueva libremente, puedes recibir una respuesta del universo que te asistirá en manifestar tus deseos. Al combinar afirmaciones y péndulos, puedes potenciar tu habilidad para atraer lo que anhelas y vivir la vida que siempre has soñado.

Las afirmaciones que necesitas en tu vida son una elección personal y tienen el poder de provocar cambios significativos en ti y en tu vida. Sin embargo, pronunciar afirmaciones positivas sin creer en ellas no surtirá efecto. Es importante que elimines cualquier vibración negativa antes de trabajar en las afirmaciones positivas, ya que cualquier negatividad residual dificultará su efectividad.

Los péndulos son una herramienta útil para evaluar tus creencias y mejorar el impacto que tu subconsciente tiene en tus afirmaciones positivas. Aunque existen muchas otras formas de utilizar los péndulos en tu vida, uno de los métodos más sencillos y efectivos es comprobar si realmente crees en tus afirmaciones. Las respuestas que obtengas de tu péndulo te ayudarán a comprender mejor tus creencias subconscientes y a aumentar la efectividad de tus afirmaciones positivas.

La mente subconsciente siempre dice la verdad y el péndulo es una herramienta útil para conectarnos con ella. Al utilizar el péndulo, las respuestas que obtenemos son un reflejo de nuestras creencias subconscientes. Para probar una afirmación, sostén el péndulo con tu mano dominante y di la afirmación en voz alta. Si la respuesta es sí, subconscientemente crees en esa afirmación y estás en camino de conseguir lo que deseas. Si la respuesta es no, significa que no crees en ella. Si la respuesta es tal vez, es posible que tengas dudas. Si no obtienes un sí, significa que no crees en la afirmación ni en el resultado deseado.

Antes de utilizar el péndulo para comprobar afirmaciones, debes asegurarte de que funcione correctamente. Puedes hacer preguntas cuyas respuestas ya conozcas para comprobarlo. Si el péndulo responde correctamente, estás listo para usarlo.

Si el péndulo indica que no crees en una afirmación, puedes utilizarlo para trabajar en esa creencia. Sostén el péndulo y repite la afirmación en voz alta hasta que obtengas un sí. Cuanto más te repitas la afirmación y te convenzas a ti mismo, más fuerte será la respuesta afirmativa del péndulo. El uso del péndulo puede ayudarte a aprender más sobre tus creencias subconscientes y a trabajar en ellas.

La respuesta del péndulo puede cambiar porque refleja nuestras creencias subconscientes. Por lo tanto, es importante repetir nuestras afirmaciones con el péndulo hasta que recibamos una respuesta afirmativa cada vez que las repitamos. A veces podemos tener dudas y cuestionarnos a nosotros mismos, pero en esos momentos podemos volver a practicar con el péndulo para reafirmar nuestras creencias y seguir avanzando.

★

"El péndulo es un recordatorio constante de que todo lo que necesitamos para tomar decisiones sabias está dentro de nosotros".

Encontrando objetos perdidos

¿Alguna vez has perdido algo y te has pasado horas buscando sin éxito? Bueno, la buena noticia es que con la ayuda de un péndulo, podrías encontrar ese objeto perdido con mayor facilidad. Hay dos métodos para utilizar un péndulo en la búsqueda de objetos perdidos: la oscilación direccional y hacer preguntas de sí o no. Antes de comenzar la búsqueda, es importante que programes tu péndulo para utilizar uno de estos métodos y confirmar cómo obtendrás las respuestas.

Un ejemplo práctico

Digamos que has perdido tus gafas de lectura. Para encontrarlas, sigue estos pasos con tu péndulo:

Lo primero que debes hacer es confirmar cómo vas a obtener las respuestas de tu péndulo. Debes asegurarte de que el péndulo esté programado para utilizar el método adecuado y que comprendas cómo interpretar sus movimientos.

Ahora, trata de imaginar cómo son tus gafas de lectura y concéntrate en esa imagen mientras comienzas a buscarlas. Mantén la mente clara y enfocada en el objeto perdido.

Pregúntale al péndulo si es el momento adecuado para buscar tus gafas de lectura y si tus gafas quieren ser encontradas en ese momento. Si el péndulo responde negativamente, es mejor posponer la búsqueda para otro momento.

Si el péndulo responde afirmativamente, continúa con la búsqueda. Ahora es el momento de hacer preguntas específicas sobre la ubicación del objeto perdido.

Pregúntale al péndulo si tus gafas están dentro de tu casa u otro lugar donde las dejaste. Si el péndulo responde afirmativamente, sigue buscando en ese lugar. Si la respuesta es negativa, debes hacer más preguntas para determinar dónde se extraviaron las gafas.

Si las gafas se perdieron en tu casa u oficina, debes hacer preguntas más específicas. Por ejemplo, pregunta al péndulo en qué habitación las perdiste y ve preguntando por cada habitación de tu casa.

Si el péndulo indica que tus gafas están en tu dormitorio, párate en la puerta y pídele al péndulo que te indique la dirección en la que debes mirar. El péndulo debería moverse en línea recta hacia la dirección de las gafas. Si las gafas están en el lado derecho de la habitación, el péndulo se moverá hacia la derecha.

Sigue la dirección indicada por el péndulo y haz más preguntas para aclarar dónde están tus gafas. Si estás cerca de la cama, puedes preguntar si están debajo de las almohadas o la cama. De esta manera, podrás encontrar fácilmente las gafas perdidas.

Es importante tener en cuenta que cualquier barrera energética u obstrucción entre tú y el objeto puede complicar la búsqueda. Si el péndulo se mueve en círculos en lugar de proporcionar oscilaciones precisas, es probable que haya una obstrucción o barrera de energía. En este caso, es mejor alejarse del área y probar en otro lugar. Si los movimientos del péndulo siguen siendo confusos, es posible que estés buscando en el lugar equivocado. En ese caso, debes repetir el proceso desde el principio e intentar entender lo que el péndulo está diciendo.

Si no estás en el área donde se perdió el objeto, es útil crear un mapa a escala y utilizar el péndulo sobre él. Por ejemplo, si crees que perdiste un objeto en tu oficina, puedes dibujar un plano aproximado de la distribución de esta y utilizar el péndulo de manera similar para buscar el objeto perdido. Además, puedes usar el péndulo para determinar la dirección y la distancia del objeto perdido. Si el péndulo se mueve hacia una dirección específica, puedes seguir esa dirección y hacer más preguntas para aclarar la ubicación exacta del objeto.

Por qué podría fallar

La radiestesia es un arte ancestral que ha sido utilizado por muchos para encontrar objetos perdidos. Aunque puede ser muy efectiva, hay varios factores que pueden afectar su éxito. Aquí te presentamos algunos de ellos:

1.	Estar demasiado apegado a un resultado: Si ya tienes una idea preconcebida de dónde debería estar el objeto, es posible que la radiestesia no sea efectiva. Es importante que te desvincules del resultado y que te enfoques en el proceso de búsqueda.

2.	Formas de pensamiento: Si tienes fuertes pensamientos o creencias sobre el objeto o el lugar donde se perdió, es posible que esto cree una forma de pensamiento que te lleve a creer que ya sabes dónde está el objeto. Esto puede interferir con el péndulo y hacer que apunte al lugar equivocado.

3.	Energía de la intención de otra persona: Si alguien ha maldecido el objeto o ha hecho algo para ocultarlo, puede ser difícil encontrarlo. Esto también se aplica a la búsqueda de objetos o tesoros que pertenecen a otra persona.

4.	Libre albedrío: Si estás buscando a alguien o a una mascota, es importante considerar si esa persona o animal desea ser encontrado. Si no es así, tus esfuerzos pueden ser infructuosos.

5.   Destino: A veces, puede ser que simplemente no estés destinado a encontrar ciertas cosas. Puede que hayas perdido algo porque estaba destinado a perderse.

Sin embargo, la radiestesia sigue siendo una herramienta útil para encontrar objetos perdidos. Es importante que te tomes el tiempo para aprender y practicar con el péndulo para establecer una conexión más fuerte con él. Al hacerlo, podrás mejorar la precisión y efectividad de tus búsquedas.

Además, la radiestesia puede ser una experiencia enriquecedora, ya que te permite conectarte con la energía y la vibración del universo. A medida que te familiarices con el péndulo y su uso, podrás confiar más en tu intuición y en tu capacidad para conectarte con el universo y encontrar lo que buscas.

★

"El péndulo es un espejo que nos refleja nuestras verdades internas, incluso aquellas que preferiríamos ignorar".

Péndulos para adivinación y magia

La adivinación ha sido utilizada desde hace siglos para obtener información de poderes superiores y tomar decisiones importantes. La práctica de la adivinación puede ser realizada de diferentes maneras, pero el uso del péndulo es una de las herramientas más populares y efectivas.

Cuando se utiliza un péndulo para la adivinación, este actúa como un receptor y transmisor, captando y transmitiendo la información de la divinidad o los espíritus a través de sus movimientos. Tu mente subconsciente también juega un papel importante en la adivinación, ya que influye en los movimientos del péndulo en tu mano.

Aunque puede resultar difícil de entender cómo funciona la adivinación con péndulos, lo más importante es tener fe en su capacidad para proporcionar respuestas. Cualquier persona puede trabajar con un péndulo, desde el famoso físico Albert Einstein hasta Leonardo da Vinci, Robert Boyle y el general Patton.

Existen diferentes formas de utilizar los péndulos para la adivinación, y una de ellas es con un tablero de adivinación. Estos tableros suelen incluir letras, números y palabras clave como "sí", "no" o "tal vez". El péndulo guía al usuario apuntando hacia las letras o palabras del tablero para proporcionar la respuesta necesaria.

Además, los péndulos también pueden ser utilizados en combinación con las cartas del tarot para elegir la carta correcta o para limpiar y cargar la baraja. También se cree que los péndulos pueden ser utilizados para encontrar lugares mágicos para la práctica de rituales o actividades mágicas.

Es importante recordar que la forma en que se hacen las preguntas es clave para obtener respuestas precisas. También es importante tener en cuenta que la adivinación no debe ser utilizada como la única herramienta para tomar decisiones importantes, sino como una guía complementaria para ayudar a tomar decisiones más informadas.

Péndulos y Tarot

Si eres un amante de los péndulos, es posible que te preguntes si puedes usarlos con otras herramientas de adivinación. Los péndulos se pueden incorporar fácilmente en la práctica de las lecturas del tarot.

Tanto las cartas del tarot como los péndulos son conductos para tu energía. Cuando realizas una lectura de tarot, tu mente recibe un mensaje que se revela a través de los símbolos en las cartas. Así es como el universo te entrega mensajes a través de las cartas del tarot. Tu péndulo también trabaja para descifrar este mensaje y ayudarte a entender su verdadero significado. Con los péndulos, el mensaje se transmite mediante movimientos en lugar de símbolos. Los símbolos en cada carta del tarot son conocidos y comprendidos por cualquiera que los utilice, mientras que los movimientos del péndulo significan cosas diferentes para diferentes personas. Por lo tanto, es importante que entiendas los movimientos de tu péndulo antes de usarlo en una lectura de tarot u otra actividad adivinatoria. Cada movimiento de tu péndulo te dará una respuesta específica. Es por eso que la mayoría de las brujas dicen que es importante programar los péndulos antes de usarlos, lo que implica enseñar al péndulo a moverse de cierta manera para ciertas respuestas. También podrías comunicarte con el péndulo para aprender cómo se mueve por sí solo, lo que significa que le preguntas al péndulo cómo se moverá cuando quieras que te responda de cierta manera.

Mejora tus lecturas del Tarot

Si tu herramienta de adivinación favorita son las cartas del tarot, también puedes beneficiarte del uso de péndulos. Sumergirte en la imaginería del tarot para descifrar todos los diferentes arquetipos y símbolos es una experiencia maravillosa.

No hay nada malo en obtener otra confirmación sobre lo que lees de las cartas del tarot. Si dudas de tu neutralidad o solo estás leyendo para ti, no hay nada malo en añadir péndulos a tus herramientas adivinatorias.

Los péndulos son una herramienta complementaria a las cartas del tarot. Cuando no puedes obtener una respuesta específica de las tarjetas o simplemente quieres una respuesta clara de sí o no, puede ser muy útil agregar un péndulo en la mezcla.

Ideas para el péndulo con el tarot

Aquí tienes las formas que suelen funcionar mejor cuando se trabaja con estas dos herramientas de adivinación:

Elige una baraja para trabajar en una ocasión especial o un día concreto

Para comenzar, reúne todas las barajas que tengas a tu disposición y colócalas sobre una mesa o superficie plana. Luego, toma tu péndulo y haz la pregunta: "¿Puedo utilizar esta baraja para trabajar hoy?". Sostén el péndulo sobre cada baraja mientras haces la pregunta y observa si el péndulo se mueve en dirección al sí o al no. Si no estás seguro, puedes hacer más preguntas para aclararlo. Cuando vayas a comprar nuevas barajas, puedes llevar tu péndulo contigo a la tienda y repetir el mismo proceso para explorar diferentes opciones. Pregunta al péndulo si deberías comprar una baraja en particular.

Elegir las cartas durante una lectura de tarot

Durante una lectura de tarot, puedes usar el péndulo para elegir las cartas. Comienza barajando la baraja como de costumbre y luego extiéndelas. Sujeta el péndulo sobre las cartas, empezando por un extremo de la tirada. Cuando el péndulo oscile hacia un "sí", saca la carta indicada. Para evitar confusiones sobre qué carta se está indicando, asegúrate de que las cartas estén bien repartidas. También puedes usar el péndulo para confirmar cuando necesites aclaraciones. Si decides elegir un número específico de cartas, predetermina cuántas cartas deseas antes de comenzar o sigue usando el péndulo hasta que llegues al final de la tirada. Después, coloca las cartas elegidas por el péndulo y continúa con la lectura del tarot.

Usa tu péndulo para confirmar una lectura de tarot

Después de terminar una lectura de tarot, es útil resumir todas las intuiciones que te dieron las cartas. Para confirmar el mensaje que crees haber recibido de las cartas, puedes usar un péndulo. Este te dirá si has entendido correctamente lo que las cartas te estaban diciendo o si necesitas reflexionar un poco más. Si el péndulo se inclina hacia "no", entonces deberás mirar las cartas desde otra perspectiva.

Determinar qué cartas son más significativas en una lectura y cuáles no

Cuando te sientas atascado durante una lectura de tarot, puedes consultar tu péndulo. Ya sea que la lectura sea para ti mismo o para otra persona, puedes sentir que no estás obteniendo una respuesta clara de las cartas. En ese caso, puedes sostener el péndulo sobre cada carta que hayas elegido y usarlo como guía. Hazle al péndulo las preguntas que necesites y elige las respuestas que te proporcionen más claridad durante la lectura.

Escoge las mejores preguntas para hacer a las cartas antes de empezar una lectura de Tarot

A veces puedes sentirte indecisa sobre qué preguntar a las cartas del tarot en un día determinado. Es posible que estés tratando de determinar cuál sería la mejor o más útil pregunta para hacer. En estos casos, tu péndulo puede guiarte. Puedes decir tus preguntas en voz alta una por una y preguntar al péndulo cuál deberías hacer a las cartas. También puedes escribir cada pregunta en un papel y sostener el péndulo sobre los papelitos. Si sientes que no estás obteniendo la respuesta que necesitas, puedes preguntar al péndulo si necesitas replantear tus preguntas. Si el movimiento del péndulo indica una respuesta fuerte y positiva, probablemente debas reconsiderar las preguntas que quieres hacerle al tarot.

Usar un péndulo junto a las cartas del tarot es una forma efectiva de conectarte con tus guías espirituales, tu yo superior e incluso puede ayudarte a desarrollar tus habilidades intuitivas. El péndulo te dará algunas respuestas, pero necesitas confiar en tu intuición para determinar cuándo es necesario utilizarlo. Uno de los aspectos más importantes de trabajar con la adivinación es mantener la mente abierta. Si entras en ella con la mentalidad adecuada, te sorprenderás con los resultados.

Cristales ideales para tus sesiones de Tarot con Péndulo

1.   Amatista: Este cristal potencia tu crecimiento espiritual y habilidades psíquicas. La mayoría de los tarotistas lo tienen cerca al leer las cartas. Te permitirá conectar con tu intuición y descifrar los mensajes de tus lecturas de tarot.

2.   Angelita: Con esta piedra, podrás invitar a ángeles o espíritus a tu sesión de lectura.

3.   Selenita: Este cristal es excelente para leer las cartas y limpiarlas. Te ayudará a mantener tu espacio libre de cualquier rastro psíquico. Situar la selenita sobre o debajo de tu mazo limpiará las cartas.

4.   Turmalina negra: Esta piedra protectora te resguardará de energías externas mientras te encuentras en tu punto más alto de energía psíquica.

5.   Fluorita Arcoíris: Este cristal te brindará claridad mental y te mantendrá enfocado en la tarea. Evitará que tu mente divague durante una lectura.

6.   Cuarzo Claro: Este cuarzo puro puede amplificar la intención de recibir guía durante tu lectura de

tarot. Tenerlo cerca durante la lectura permitirá tener pensamientos claros y comunicarte con las cartas.

7. Cuarzo ahumado: Te ayudará a mantenerte conectado a la tierra y te permitirá enlazar con la energía terrenal.

8. Cuarzo Rosa: Este cristal te recordará ser compasivo y enfocarte en el amor al leer las cartas. Es ideal para utilizar en lecturas de amor y canalizar energía positiva en la sesión.

9. Citrino: Te ayudará a detectar bloqueos causados por miedo u otras emociones negativas. Es complicado realizar una lectura exitosa con estos bloqueos presentes. Este cristal incrementa la autoconfianza y te animará a abrazar el valor, además de promover resultados favorables en las lecturas.

10. Labradorita: Esta piedra potencia tu capacidad intuitiva durante una lectura de tarot.

11. Jade: Este cristal permitirá la unión entre las cartas del tarot y el tarotista. Es la piedra del amor y la verdad interior.

12. Obsidiana: Esta piedra es vital para los empáticos, pues les ayuda a mantenerse conectados a tierra y a repeler la basura energética de los demás. Por eso, es crucial prestar atención a cómo reaccionas ante ella para determinar si te conviene o si te conecta demasiado a la tierra.

Cartas del tarot y sus gemas correspondientes

Cada carta del tarot en tu mazo puede asociarse con una gema especial. Usarlas durante tus sesiones de lectura te permitirá obtener mejores resultados.

• El Loco: Representa inocencia, honestidad, esperanza y nuevos comienzos. La gema asociada es el ágata.

• El Mago: Simboliza habilidad, confianza, franqueza e ingenio. El ópalo de fuego es su gema correspondiente.

• La Suma Sacerdotisa: Encarna intuición, franqueza y consciencia espiritual. Su gema asociada es la piedra lunar.

• La Emperatriz: Expresa energía femenina, nutrición y fertilidad. El peridoto es su gema correspondiente.

• El Emperador: Significa liderazgo organizado, autoridad y virilidad. Su gema asociada es el rubí.

• El Hierofante: Representa tradición, fundamentos sólidos, autoridad y comunidad. La gema asociada es el topacio.

• Los Enamorados: Simbolizan igualdad, intimidad y armonía del yin y el yang. Su gema correspondiente es el cuarzo rosa.

• El Carro: Refleja dirección hacia objetivos, fuerza de voluntad y logro de metas. La cornalina es su gema asociada.

• La Fuerza: Encarna deseo, ferocidad, poder y valentía. La gema relacionada es el ojo de tigre.

• El Ermitaño: Expresa retiro, meditación, sabiduría y perspectiva. La piedra de sangre es su gema correspondiente.

• La Rueda de la Fortuna: Simboliza felicidad, prosperidad, buena suerte y éxito. La aventurina es su gema asociada.

• La Justicia: Representa integridad, justicia y honestidad. Su gema correspondiente es el granate.

• El Ahorcado: Significa paciencia, pausa, detención temporal y adaptación. La gema relacionada es el aguamarina.

• La Muerte: Encarna cambio, segundas oportunidades, finales y transición. La obsidiana es su gema correspondiente.

• Templanza: Expresa serenidad, crecimiento, moderación y equilibrio. Su gema asociada es la amatista.

• El Diablo: Simboliza obstáculos, trampas, opresión y adicción. La gema relacionada es la hematites.

• La Torre: Representa inestabilidad, eventos que cambian la vida y conflictos. La cianita es su gema asociada.

• La Estrella: Significa sencillez, inspiración, apoyo y expectativas. La sugilita es su gema correspondiente.

• La Luna: Encarna secretos, intuición, instinto y autoexamen. Su gema asociada es la perla.

• El Sol: Expresa felicidad, brillo, logros y vitalidad. La piedra del sol es su gema correspondiente.

• El Juicio: Simboliza equilibrio, perdón, percepción y reevaluación. La malaquita es su gema asociada.

El Mundo: Representa resultados exitosos, conclusiones y metas alcanzadas. La fluorita es su gema correspondiente.

Usar estas gemas en tus lecturas de tarot no solo te ayudará a profundizar en el significado y la energía de cada carta, sino que también potenciará tu conexión con la intuición y la guía espiritual. Al comprender la relación entre las cartas del tarot y sus gemas asociadas, podrás sintonizar mejor con las vibraciones y mensajes que estas combinaciones tienen para ofrecerte. No dudes en experimentar y encontrar las combinaciones que mejor funcionen para ti y tus sesiones de lectura.

Péndulos y su uso en la hechicería

A menudo, la hechicería tiene una connotación negativa, pero esto no es necesariamente cierto. Tradicionalmente, se trataba de invocar poderes sobrenaturales para controlar eventos o personas mediante magia. Aunque la hechicería varía en distintas culturas y épocas, ha sido practicada desde la antigüedad. Tanto los hechiceros tradicionales como los practicantes de diversas tradiciones mágicas emplean péndulos en sus prácticas.

Los péndulos se utilizan de diversas formas en la hechicería, como:

Revelar el futuro

Un uso común de los péndulos es preguntar sobre el futuro, planteando preguntas que permitan respuestas de sí o no. Asegúrate de identificar con quién te estás comunicando, ya que podría tratarse de una entidad engañosa. Agradece al final de la sesión.

Uso con la tabla ouija

Puedes usar tu péndulo junto con un tablero de ouija. Sostén el péndulo sobre el tablero y haz preguntas. Observa cómo se mueve el péndulo para indicar números o letras. También puedes usarlo sobre objetos o fotos. Los médiums y radiestesistas emplean el péndulo para detectar energías o presencias negativas. Respeta a la entidad que responde y evita agotarla.

Diagnóstico de salud

El péndulo también puede ayudarte a identificar problemas de salud o energía negativa en el cuerpo. Sostén el péndulo sobre la persona y pregúntale dónde está el problema.

Encontrar un lugar adecuado para un ritual

Los hechiceros utilizan el péndulo para encontrar lugares apropiados para realizar rituales al aire libre. Si el péndulo se mueve erráticamente, puede significar que el lugar no es adecuado.

Buscar personas o cosas

Utiliza el péndulo para buscar objetos perdidos o personas desaparecidas, ya sea en un espacio físico o sobre un mapa.

Orientación durante hechizos

Si no estás seguro de qué ingredientes usar en un hechizo, el péndulo puede guiarte. También puede ayudarte a determinar el mejor momento para realizar un hechizo.

Mejora tu intuición con un péndulo

Practicar con tu péndulo mejora tu intuición y te acerca a tu yo superior. Imagina un hermoso jardín lleno de frutos; cada vez que usas el péndulo, te adentras más en este jardín y amplías el camino hacia los frutos.

Cuanto más practiques con el péndulo y te conectes con tu yo superior, mejorarás en otras actividades intuitivas como la lectura del tarot, la meditación y la videncia.

Cromoterapia: Encuentra un color que resuene con tu péndulo

El color representa energía electromagnética y cada color que percibes posee distintas longitudes de onda. Los colores pueden influir en tu concentración mental, estado emocional, salud física y equilibrio interno. Durante muchos años, se han llevado a cabo investigaciones para comprender el uso intencionado del color en diversas aplicaciones.

Quizás hayas oído hablar de la cromoterapia o terapia del color, que es otro tipo de sanación energética. Los principios de la cromoterapia sostienen que cada persona tiene un color que resuena con su verdadero ser. Este color se denomina color resonante y puede variar de una persona a otra. Otro uso de los péndulos es descubrir el color resonante de alguien. Una vez que comiences a utilizar péndulos, también podrás usar el tuyo para determinar tu propio color resonante.

Para hacerlo, necesitarás ocho bolígrafos de colores diferentes y una hoja de papel blanco, así como tu péndulo. Este péndulo debe estar programado para ofrecerte respuestas afirmativas o negativas.

Antes de empezar, asegúrate de conocer la forma en que tu péndulo proporciona respuestas. Es preferible utilizar un péndulo de color neutro en este ejercicio, como hematita, ónix negro, cuarzo transparente u obsidiana negra. Relájate meditando un poco antes de comenzar.

Toma el papel blanco y escribe tu nombre con cada uno de los bolígrafos de diferentes colores, dejando un pequeño espacio entre cada uno. Si prefieres no escribir tu nombre, también puedes imprimirlo en la computadora utilizando ocho colores primarios diferentes. Una vez hecho esto, coloca el papel en una superficie plana frente a ti. Sostén el péndulo con tu mano dominante y déjalo flotar a uno o dos centímetros sobre cada color. Pregunta al péndulo si ese es tu color resonante sobre cada color y espera pacientemente la respuesta. Anota las reacciones del péndulo para cada color. El color que genere el movimiento afirmativo más intenso en tu péndulo será tu color resonante.

Es posible que descubras que tu color resonante no coincide con el que normalmente consideras tu favorito. Aún puedes disfrutar vistiendo ropa de tu color preferido, pero conocer tu color resonante tiene sus beneficios. Este color puede ser utilizado para mejorar tu energía vibratoria. Cuanto más te rodees de tu color resonante, mejor te sentirás. Puedes pintar las paredes de ese color o usar más ropa de ese tono. Esto no significa que debas excluir otros colores de tu vida, ya que cada color tiene su propio impacto. Sin embargo, el color resonante es el que tiene un efecto más positivo. Incluso puedes usar tu péndulo para determinar qué colores faltan en tu vida y cuáles necesitas incluir más. Al obtener respuestas de tu péndulo, puedes hacer preguntas adicionales para determinar la precisión de la respuesta.

Identificar sucesos sincrónicos (coincidencias)

Hay días en los que podrías notar que algunas cosas aparentemente aleatorias ocurren una tras otra, y sientes que tienen un significado. Aunque estos eventos sincrónicos pueden ser realmente fortuitos y una coincidencia en ocasiones, también pueden encerrar un significado más profundo. El universo actúa de diversas formas para transmitirnos mensajes en nuestra vida. Estos sucesos representan una manera en la que el universo te envía señales de protección o sanación. Al descifrar estos mensajes, puedes llegar a entender aspectos relevantes.

El universo puede usar cualquier cosa como señal, desde una canción hasta una moneda en la calle. Si algo inusual capta tu atención, intenta reflexionar un poco más sobre ello, ya que podría tener un significado especial. Podría ser parte de un enigma y tener un sentido más profundo del que aparenta. Puedes usar tu péndulo para explorar el significado de tales eventos en tu vida.

Programa tu péndulo y plantea algunas preguntas que te proporcionen claridad, tales como:

1.   "¿Los sucesos que ocurrieron hoy están relacionados entre sí?".

2.   "¿Debería profundizar en el significado de estos eventos?".

3.   "¿Está el universo intentando comunicarse conmigo a través de estos sucesos?".

4.   "¿Qué implican estos eventos...?".

5.　　　"¿Se supone que estos sucesos me revelen algo en particular?".

Mientras te haces estas preguntas, intenta obtener respuestas del péndulo para descubrir el significado detrás de los eventos sincrónicos. Al profundizar en los puntos enumerados, puedes llegar a comprender mejor las señales que el universo te envía y aprender a interpretar los mensajes ocultos en los eventos aparentemente casuales de tu vida.

★

"Con el péndulo en mano, podemos atravesar el velo de la ilusión y acceder a nuestra verdadera esencia".

Propiedades de los cristales de tu péndulo

Los péndulos son una herramienta versátil y se pueden usar para muchas cosas diferentes. Algunos de los péndulos más populares están hechos de cristales, y cada uno de ellos tiene su propia función y beneficios específicos.

En los últimos años, las prácticas de medicina complementaria y alternativa han ganado popularidad. La sanación con cristales es una de esas prácticas que se ha vuelto muy popular. Sin embargo, antes de empezar a utilizar péndulos de cristal para la curación, es importante que se informe sobre cómo funciona la sanación con cristales.

Los cristales son conocidos por su belleza, pero también tienen propiedades curativas. Cada cristal es único y tiene sus propias propiedades que pueden ayudar a curar el cuerpo, la mente y el espíritu. Los cristales se pueden utilizar para promover el flujo de energía positiva a través del cuerpo y para eliminar cualquier energía negativa que pueda estar afectando su bienestar.

La curación con cristales es una práctica antigua que ha sido utilizada por culturas budistas e hindúes. Aunque no hay pruebas científicas que respalden su eficacia, la gente sigue utilizándolos hoy en día. Los cristales atraen naturalmente a las personas por su belleza, pero también por los posibles beneficios curativos que ofrecen.

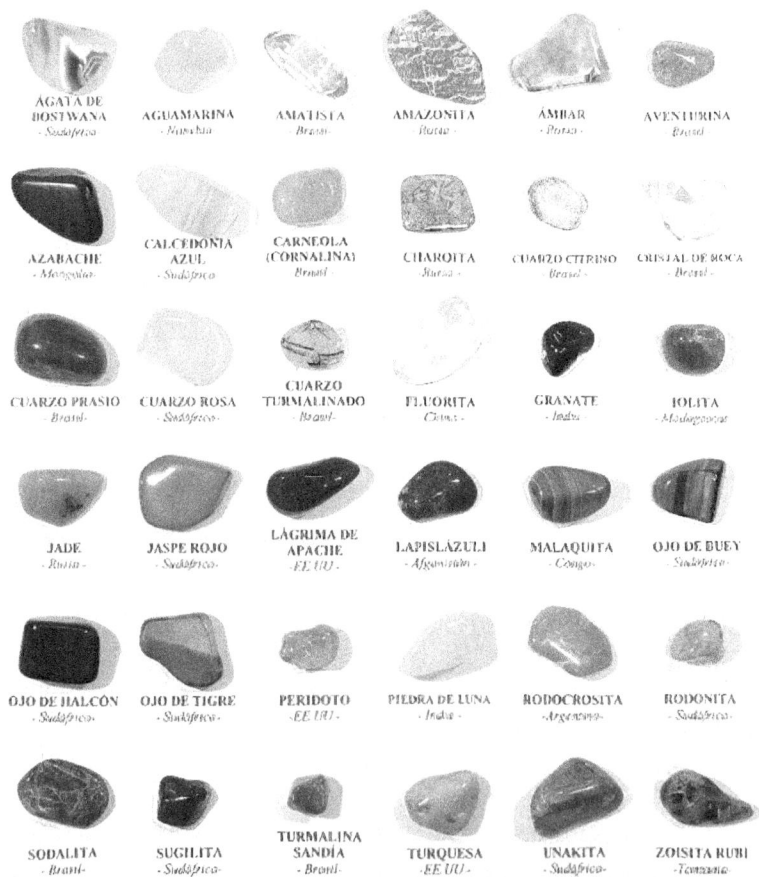

ÁGATA DE BOTSWANA - Sudáfrica -	AGUAMARINA - Namibia -	AMATISTA Brasil	AMAZONITA Rusia	ÁMBAR - Perú -	AVENTURINA Brasil
CUARZO PRASIO Brasil	CUARZO ROSA - Sudáfrica -	CUARZO TURMALINADO Brasil	FLUORITA China -	GRANATE - India -	IOLITA - Madagascar
AZABACHE - Mongolia -	CALCEDONIA AZUL - Sudáfrica -	CARNEOLA (CORNALINA) Brasil	CHAROITA Siberia -	CUARZO CITRINO Brasil -	CRISTAL DE ROCA - Brasil -
JADE - Rusia -	JASPE ROJO - Sudáfrica -	LÁGRIMA DE APACHE - EE UU -	LAPISLÁZULI - Afganistán -	MALAQUITA - Congo -	OJO DE BUEY - Sudáfrica -
OJO DE HALCÓN - Sudáfrica -	OJO DE TIGRE - Sudáfrica -	PERIDOTO - EE UU -	PIEDRA DE LUNA - India -	RODOCROSITA - Argentina -	RODONITA - Sudáfrica -
SODALITA - Brasil -	SUGILITA - Sudáfrica -	TURMALINA SANDÍA - Brasil -	TURQUESA - EE UU -	UNAKITA - Sudáfrica -	ZOISITA RUBI - Tanzania -

La reflexión, la atención y la aceptación son fundamentales en la curación con cristales. Muchos estudios han demostrado que la mente tiene poder curativo. Al utilizar péndulos de cristal, también estarás utilizando el poder de tu mente. Aunque no estés seguro de los beneficios de los cristales, mantén la mente abierta y pruébalos para explorar más allá de lo que conoces.

Diferentes péndulos de cristal

Conocer las propiedades de cada cristal te ayudará a elegir el que mejor se adapte a tus necesidades. Al elegir el péndulo de cristal adecuado, podrás maximizar su poder curativo. Sentirás una conexión con él en forma de una señal, como una sensación de hormigueo. Una vez que te entregues a tu péndulo, éste te guiará lo mejor que pueda. Existen infinitas posibilidades con los péndulos. Si estás listo para elegir el péndulo adecuado, aprender sobre las propiedades de los diferentes cristales te ayudará a invertir en uno que se alinee con tu propósito.

Péndulo de cristal transparente

Este cristal se vincula al chakra corona y a todos los elementos. Es un cristal sin color o blanco que se asocia con el Sol. Es conocido como el maestro sanador y puede intensificar tu energía y pensamientos. El cristal transparente también tiene la capacidad de potenciar las propiedades de cualquier otro cristal que emplees. Puede eliminar todo tipo de energía negativa y neutralizar la radiación de fondo, como el smog electromagnético. Un péndulo de cristal transparente equilibrará y revitalizará los planos mental, físico, espiritual y emocional. Actúa como limpiador del alma y de tu cuerpo físico. Puedes usarlo para conectar tu mente con la dimensión física. Además, puede limpiar y mejorar tus órganos. Más importante aún, puedes utilizar un péndulo de cristal transparente para potenciar tus habilidades psíquicas. Puede desbloquear la memoria y mejorar tu capacidad de concentración. También estimula tu sistema inmunológico y restaura el equilibrio en tu cuerpo. Si quieres restablecer el equilibrio en todos tus chakras, puedes elegir un cristal transparente.

Péndulo de amatista

La amatista también se conoce como el tranquilizante de la naturaleza. Un péndulo hecho de este cristal será un sanador extremadamente eficiente. Puede sanar tu mente, cuerpo y alma. A menudo se utiliza para tratar problemas como el estrés, el insomnio y la fibromialgia. Se dice que esta piedra otorga valor y fuerza a quien la lleva. La propiedad calmante de la amatista ayuda a liberar la creatividad. Además, la amatista promueve la tranquilidad, lo cual es útil para aquellos que sufren de trastornos del estado de ánimo o adicciones.

Péndulo de aura acuática

Si deseas usar un cristal para meditar y elevar la frecuencia de tu energía, un péndulo de aura acuática sería apropiado. Este cristal también activa la energía de otros cristales y minerales. Se utiliza para tratar problemas como la ansiedad, la depresión y promover el bienestar general.

Péndulo de piedra de sangre

Este cristal tiene propiedades desintoxicantes y purificadoras. Se puede utilizar para reforzar el sistema inmunológico y proteger el cuerpo de las enfermedades. También es ideal para tratar dolencias relacionadas con los riñones, el hígado y la vejiga. Si padeces anemia, este es el mejor cristal para sanarla.

Péndulo de aventurina

Si has luchado con la pérdida de peso, puedes utilizar aventurina para estimular tu metabolismo. Te ayudará a reducir los niveles de colesterol y a equilibrar la presión arterial. Este cristal también se puede emplear para tratar migrañas, erupciones cutáneas y alergias.

Péndulo de citrino

Este cristal se llama la "piedra del éxito" y se dice que ayuda a manifestar todo lo que deseas en la vida. También se utiliza para aumentar los niveles de energía. Se puede emplear para tratar dolencias de la tiroides. Además, es útil para tratar trastornos digestivos y aliviar el estreñimiento.

Péndulo de ojo de tigre

El ojo de tigre es conocido por sus propiedades protectoras y se utiliza a menudo para alejar las energías negativas. Este cristal puede ayudarte a liberar el miedo y la ansiedad, así como a equilibrar tus emociones. Es beneficioso para aquellos que desean aumentar su autoestima y confianza en sí mismos. También puede ser útil para tratar problemas en las articulaciones, como la artritis.

Péndulo de jaspe rojo

El jaspe rojo es un cristal que estimula la energía vital y se utiliza para impulsar la resistencia física y la fuerza. Puede ser útil para quienes buscan una mayor determinación y coraje en sus vidas. Es conocido por sus propiedades curativas y se utiliza para tratar problemas circulatorios, de la sangre y del corazón.

Péndulo de sodalita

La sodalita es un cristal conocido por sus propiedades calmantes y equilibradoras. Puede ayudar a aliviar el estrés, la ansiedad y los problemas de sueño. Además, este cristal es útil para mejorar la comunicación y la expresión de pensamientos y emociones. La sodalita también puede ser beneficiosa para aquellos que buscan mejorar su intuición y percepción psíquica.

Péndulo de cornalina

La cornalina es un cristal que aumenta la energía y la vitalidad. Se utiliza para mejorar la concentración y la creatividad, así como para estimular la motivación y la fuerza de voluntad. Es útil para tratar problemas relacionados con el sistema reproductivo y el tracto urinario. La cornalina también puede ser beneficiosa para aquellos que desean aumentar su autoestima y coraje.

En resumen, hay muchos tipos de péndulos de cristal disponibles para diferentes propósitos de curación y equilibrio energético. Al elegir el péndulo de cristal adecuado para ti, ten en cuenta tus necesidades personales y los problemas que deseas abordar. Asegúrate de limpiar y cargar tu péndulo antes de usarlo, para aprovechar al máximo sus propiedades curativas y energéticas.

Ventajas de los péndulos de cristal

Al optar por usar péndulos de cristal, podrás disfrutar de diversos beneficios vinculados a ellos. Los cristales han sido empleados a lo largo de los siglos para sanar la mente, el cuerpo y el espíritu. Al ser extraídos de la tierra, están conectados con su energía sanadora. Cuando uses o lleves contigo un péndulo de cristal, podrás aprovechar su energía y propiedades. Hay muchos beneficios relacionados con los péndulos de cristal.

Impulso energético

Todos nos sentimos cansados o agotados en algún momento. Cada vez que sientas que te falta energía, puedes recurrir a un cristal específico para obtener un impulso. Por ejemplo, la heliotropo es excelente para incrementar la energía y la vitalidad. Este cristal te ayudará a superar la apatía, eliminar los pensamientos negativos y entusiasmarte con tus tareas. Esta piedra se utilizaba en talismanes en tiempos antiguos. Se creía que la heliotropo podía mejorar la circulación sanguínea purificando la sangre. Otras piedras rojas, como el rubí, también tienen un efecto revitalizante similar.

Fomento de la creatividad

¿Alguna vez has sentido que tienes un bloqueo creativo? Esto sucede cuando no te sientes inspirado o estás exhausto. En ese momento, es probable que tus canales creativos estén obstruidos. Los cristales pueden ayudar a desbloquear estos canales y potenciar nuevamente tu capacidad creativa. El cristal de cornalina naranja brillante es una de las piedras más efectivas para este propósito. Te dará más entusiasmo y te ayudará a trabajar para lograr tus objetivos. Esta piedra promueve la vitalidad y te hará más activo.

Claridad mental y salud óptima

El sílice forma los cristales de cuarzo que se extraen de la tierra. Al entrar en contacto con el sílice, este acumula energía. Los cristales mejoran tu salud y favorecen la sanación cuando estás enfermo. Puedes utilizar tus cristales para equilibrar tu mente y tu cuerpo. Elevan tus vibraciones y aportan más claridad mental. También te ayudan a expresarte y a liberar cualquier acumulación emocional.

Reducción del estrés o la ansiedad

El estrés y la ansiedad son parte de nuestras vidas. Hoy en día, la mayoría de las personas sufren algún tipo de trastorno de ansiedad. Esta es otra área en la que los cristales te ayudarán. Varios cristales alivian el estrés y aportan paz a la mente de quienes los utilizan. La amatista y la celestita son algunos de los cristales buenos para combatir la ansiedad. Una vez que empieces a usarlos, notarás lo fácil que es dormir bien o trabajar sin sentirte estresado.

Atracción de abundancia y prosperidad

Algunos cristales son efectivos para atraer la abundancia y la prosperidad. El citrino, por ejemplo, te ayudará a controlar tus gastos y a manejar mejor tus finanzas. Muchas personas creen que esta piedra ayuda a que siempre haya más dinero entrando en la billetera que saliendo. La malaquita es otro cristal que atrae la buena suerte cuando su portador se ocupa de negocios o asuntos financieros. Una piedra como el peridoto verde te ayudará a aprovechar cualquier oportunidad financiera que se te presente.

Mejora en la carrera profesional

También puedes utilizar cristales para mejorar tus perspectivas laborales. Los péndulos de cristal pueden ayudarte a elegir la carrera adecuada. Además, pueden guiarte en la toma de decisiones a lo largo de tu trayectoria profesional. La piedra de sangre te ayudará a trabajar en proyectos que puedan estar estancados. La obsidiana puede contribuir a que las cosas funcionen sin contratiempos. La serpentina te ayudará a adaptarte a cualquier nueva transición.

Cultivar el amor

El cuarzo rosa es uno de los cristales más populares en el mundo y sirve para cultivar el amor. Cristales como este ayudarán a abrir el corazón y harán que la persona esté más dispuesta a recibir y dar amor. Puedes utilizarlos para guiarte en la toma de decisiones relacionadas con tus relaciones. También te ayudarán a sanar heridas emocionales.

Cómo cuidar tus cristales

Limpiar el cristal te permite purificarlo y respetar su esencia. Al limpiar tus cristales, reconoces el camino que han recorrido antes de llegar a ti.

El objetivo de limpiar los cristales es devolverlos a su estado más puro y nítido. Al pasar por distintas manos o lugares, absorben la energía que entra en contacto con ellos,

SANACIÓN CON PÉNDULO: MANUAL UNIVERSAL

por eso es fundamental limpiarlos. Si usas un cristal sin limpiarlo, también te expondrás a esas energías. Imagina que recoge la suciedad a su alrededor y necesita una limpieza.

Cualquier impureza o energía negativa que haya encontrado tu cristal se notará cuando lo sostengas o uses sin limpiarlo previamente. Es importante tener la mente clara durante el proceso de purificación. Tus intenciones y pensamientos deben estar enfocados. Puedes usar campanas o salvia para limpiar el espacio donde realizarás la limpieza del cristal. También puede resultar útil recitar un mantra. El proceso de limpieza es un ritual, así que debes llevarlo a cabo de manera tranquila y atenta. Los diferentes métodos de limpieza se explicaron detalladamente en una sección previa de este libro. Puedes emplear cualquier método para limpiar tus cristales, desde un baño a la luz de la luna hasta la limpieza con humo de sahumerios.

Momentos para limpiar

Todos los cristales deben ser limpiados de energías antiguas apenas los adquieras. Los cristales también continúan absorbiendo energía mientras los usas. Necesitas limpiar y recargar tus cristales de vez en cuando entre cada uso. A veces, notarás que tu cristal se siente opaco o pesado. Esto generalmente significa que necesita una sesión de limpieza y recarga.

Cuando uses el cristal para un trabajo intenso, como sanar una enfermedad, no olvides limpiarlo. Limpiar el cristal antes de volver a usarlo permitirá que funcione de manera más eficiente. Cuanto más trabajes con cristales, más profunda será tu conexión con ellos. Debes apreciar tus cristales como una bendición y honrarlos como merecen. Si cuidas de tus cristales, trabajarán aún mejor para ti. En algún momento, puede que sientas que un cristal ha cumplido su propósito contigo y debes regalarlo a otra persona que se beneficiará de él. Escucha tu intuición y los mensajes que te envían tus cristales.

Cómo guardar tus cristales Cuando lleves o guardes tus cristales, debes tener cuidado de hacerlo de forma que no se dañen. Las piedras en bruto deben guardarse separadas de las piedras talladas. Debes almacenar los cristales de manera que no se rayen ni se astillen.

También debes guardar las piedras duras separadas de las blandas. Las piedras duras pueden dañar a las blandas. Minerales como la mica y el talco se encuentran en el extremo blando de la escala de dureza de Mohs. Son tan frágiles que incluso es difícil guardarlos juntos. La selenita, el alabastro y la rosa del desierto son piedras blandas. Deben conservarse secas y pueden desintegrarse fácilmente si se arañan con piedras duras. Puedes usar un paño suave para limpiar estos cristales. Las piedras duras, en el otro extremo de la escala, pueden rayar incluso el cristal. Puedes utilizar un paño para gafas para limpiarlas. El polvo o los restos pueden eliminarse sumergiendo las piedras en agua salada.

Si tienes cristales grandes, guárdalos en una estantería o en un lugar donde no estén en contacto con nada que pueda dañarlos. La mayor amenaza para la mayoría de tus cristales es otro cristal. Para los más pequeños que lleves contigo, utiliza una bolsa de seda o satén. Tratar tus cristales con cuidado les permitirá mantenerse puros y eficaces. Cuando viajes con más de un cristal, envuelve cada uno por separado. Los que están en bruto no deben entrar en contacto entre sí, ya que el filo puede dañar lo que se toca con él. Puedes utilizar cualquier cosa, como papel de seda, para envolver los cristales.

Para recordar

• Algunos cristales se decoloran si se mantienen bajo la luz directa del sol. Entre ellos están el citrino, la amatista, el ópalo, la fluorita, el topacio, el aguamarina y la kunzita. La limpieza a la luz de la luna es mejor para estas piedras.

• Investiga un poco antes de utilizar cualquier cristal. Es fácil buscar información sobre cualquier cosa en Internet o en un libro. Debes utilizar los cristales adecuados para el propósito correcto y limpiarlos y cargarlos de la forma más adecuada.

• Los errores ocurren. Puedes acabar dañando o rompiendo un cristal aunque tengas cuidado, pero no es algo por lo que debas preocuparte demasiado. Podrías seguir utilizándolo. También puede ser una señal de que no deberías usar ese cristal.

★

"La belleza del péndulo reside en su simplicidad: una herramienta humilde capaz de revelar verdades profundas".

Uso de péndulos en la sanación física

Los péndulos pueden convertirse en una herramienta valiosa durante una sesión de sanación física. Muchos sanadores holísticos los emplean y recomiendan su uso. Si bien un péndulo no curará una dolencia, te ayudará a diagnosticar y resultará útil de manera similar. Existen numerosas formas de utilizarlos en la sanación física. Los péndulos son un complemento en la curación holística. Incluso si no eres un sanador experimentado, puedes aprender más sobre esto e iniciar tu camino hacia la práctica.

Como sabes, un péndulo es una herramienta poderosa. Se puede utilizar para encontrar objetos, predecir eventos y diagnosticar enfermedades. Un péndulo puede emplearse para detectar una dolencia en el cuerpo e incluso curarla hasta cierto punto, dependiendo de las propiedades del cristal utilizado. A continuación, se detalla cómo hacerlo.

En primer lugar, debes comprender que los péndulos deben utilizarse de la manera correcta para obtener resultados precisos. Diferentes péndulos de cristal serán útiles para detectar distintas dolencias. Si lees la sección sobre las propiedades de los cristales que aparece anteriormente en el libro, tendrás una mejor idea de las enfermedades a las que está vinculado cada cristal específico. Dependiendo de la región del cuerpo a la que esté asociado el cristal, podrás detectar y sanar utilizando la radiestesia. Algunos péndulos que son mejores para propósitos múltiples incluyen el cuarzo transparente, la heliotropo y el ágata musgosa. Puedes usar un péndulo universal como estos y utilizar péndulos específicos según la enfermedad que creas que tienes.

Detectar enfermedades con un péndulo

1.   ¿Utilizarás el péndulo para ti o para otra persona? En consecuencia, sostén el péndulo sobre el cuerpo y luego hazle cualquier pregunta que tengas. Por ejemplo, si sientes que hay un tumor en el cuerpo, puedes usar un péndulo y pedirle que te ayude a detectar la ubicación del tumor. O simplemente preguntarle si tienes un tumor. Del mismo modo, necesitas utilizar el cristal asociado con la enfermedad que deseas diagnosticar o curar. Puedes utilizar el péndulo para obtener respuestas a cualquier cosa que tengas en mente. Recuerda que esto no

sustituye a la medicina convencional; consulta a un médico si te preocupa que puedas tener un tumor.

2.	Ahora, una vez que hayas formulado la pregunta, comienza a mover el péndulo sobre el cuerpo. Deja que se desplace lentamente por todas las regiones posibles del cuerpo. Es importante que te tomes tu tiempo mientras lo haces porque el péndulo necesitará tiempo para reaccionar cuando detecte alguna dolencia.

3.	Cuando el péndulo se mantiene sobre una zona que necesita ser curada, normalmente comenzará a vibrar. La vibración del péndulo puede indicar una enfermedad que ya se ha manifestado o puede estar diciéndote que hay un bloqueo energético que podría provocar un problema. Presta atención a los movimientos sutiles del péndulo para saber cuándo está reaccionando.

Notarás que el péndulo normalmente se mueve en un movimiento oscilante cuando está sobre partes del cuerpo que no tienen problemas. Si hay una enfermedad en una parte concreta, el péndulo comenzará a moverse en círculos en lugar de continuar con el movimiento de vaivén.

5.	Si observas este cambio de movimiento en alguna parte del cuerpo, concéntrate en ese punto. Mueve cuidadosamente el péndulo sobre esa área para comprender por dónde podría haberse extendido la enfermedad. Es importante hacerlo despacio. Pregunta repetidamente al péndulo si hay una enfermedad presente y confirma si estás identificando la enfermedad correcta.

6. Después de hacer esto varias veces, obtendrás una respuesta a tu pregunta. Una vez que hayas detectado la región problemática con tu péndulo, puedes comenzar a tomar medidas para la sanación. Mientras que algunos péndulos se utilizan solo para la detección, otros te ayudarán a sanar la enfermedad también.

Ahora ya sabes cómo detectar una enfermedad con un péndulo. ¿Qué haces cuando has diagnosticado un problema? El siguiente paso es sanar, y esta es otra forma en que puedes utilizar un péndulo. Sin embargo, es importante saber que un péndulo no puede ser el único instrumento de curación. Suele ser solo un aspecto del tratamiento, y es necesario tomar las medidas adecuadas para asegurarte de que la enfermedad ha sido eliminada de tu cuerpo o del de la persona a la que estás sanando.

Sanación mediante péndulos

1. Siguiendo los pasos que te mencionamos antes, podrás emplear tu péndulo para identificar áreas del cuerpo con alguna dolencia. Una vez localizado el problema, es hora de enfocarte en la sanación.

2. Escoge el péndulo adecuado y solicítale su ayuda para sanar la enfermedad. Sostén el péndulo sobre la zona afectada y pídele que disipe cualquier energía negativa acumulada. Puede haber un bloqueo, así que solicita que lo libere, permitiendo un flujo libre de energía saludable. Pide al péndulo que envíe energía curativa a esa parte problemática del cuerpo. Mientras lo haces, utiliza el poder

de la visualización para imaginar cómo el péndulo sana esa área.

3.   Mantén el péndulo sobre ese lugar y muévelo lentamente alrededor de la zona donde se detectó la enfermedad. Concéntrate en visualizar cómo la dolencia puede ser eliminada del cuerpo.

4.   Dedica al menos diez minutos a sostener el péndulo sobre la zona afectada. Si lo crees conveniente, sigue moviéndolo por todo el cuerpo. Detente después de diez minutos y repite el proceso. Continúa haciendo esto y empleando tus energías hasta que sientas que has hecho todo lo posible para sanar esa área.

5.   No olvides usar el péndulo sobre la región problemática incluso durante períodos de remisión. Repite este proceso de sanación hasta que sientas que el cuerpo está completamente recuperado.

Cuando el péndulo vibra sobre la zona afectada, estas vibraciones pueden penetrar en el campo áurico de la persona, permitiendo que el péndulo transmita energía curativa a la región enferma. El péndulo te ayudará a sanar a nivel energético y proporcionará al cuerpo una gran cantidad de energía curativa para acelerar su propia recuperación. La energía positiva del péndulo es absorbida por la zona enferma y se utiliza para sanar.

Para tratar una dolencia física en el cuerpo, también es importante tomar otras medidas, como seguir una dieta saludable y atender las recomendaciones médicas. Junto con la sanación mediante péndulos, también puedes considerar tratamientos alternativos como la aromaterapia.

Péndulos para sanar

El péndulo puede ser utilizado de diversas maneras para complementar prácticas espirituales y terapéuticas. Algunos de los usos adicionales incluyen la conexión a tierra, la limpieza del aura, la sanación de los chakras, la selección de cristales para la sanación y el equilibrio de los chakras. Estos usos pueden ayudar a mejorar el bienestar mental, físico y emocional, y pueden ser incorporados en distintas prácticas de meditación, yoga, reiki y otros tipos de terapias holísticas. Miremos estas aplicaciones en detalle.

Conectar a tierra

Antes de realizar otras terapias, asegúrate de que tú o la persona que estás sanando estéis bien conectados a tierra. Si no lo está, podrían manifestarse síntomas desagradables en el cuerpo.

• Pide a la persona que se tumbe boca arriba sobre una superficie plana y asegúrate de que esté cómoda antes de comenzar.

• Invoca la guía más elevada para ti y la persona que estás sanando.

• Conecta con el corazón de la persona que deseas sanar sosteniendo un péndulo sobre la zona del corazón. Sujeta el péndulo con firmeza y mantén la calma mientras lo haces. Mientras el péndulo se cierne sobre la región del corazón, pídele que te ayude a establecer una conexión con el corazón. Observarás que el péndulo oscila mientras te vincula con el corazón y se detiene de repente una vez establecida la conexión. Si no se detiene, es posible que solo se mueva en un movimiento afirmativo, indicando que la tarea está completa.

• Desplázate hacia los pies de la persona y sitúate unos 5 centímetros más allá de sus pies, alineado con su cuerpo. Pregúntale al péndulo si la persona está conectada a tierra. El péndulo se moverá en un movimiento afirmativo o negativo. Si la respuesta es negativa, debes trabajar más en el proceso de conexión a tierra. Si la respuesta es afirmativa, puedes continuar con los siguientes pasos para tratar la enfermedad.

• Si el péndulo indica que la persona no está conectada a tierra, debes trabajar un poco más en la conexión a tierra. Colócate a unos centímetros de los pies, como se mencionó antes, y sujeta el péndulo. Pide al péndulo que conecte a tierra a la persona. Continúa haciéndolo hasta que el péndulo indique que la persona está conectada a tierra, moviéndose en círculos o con un movimiento afirmativo.

• Cuando el péndulo muestre que el cliente está conectado a tierra, pregúntale nuevamente para confirmar que la conexión a tierra se ha completado. Si no obtienes una respuesta afirmativa, repite todo el proceso. Si obtienes una respuesta afirmativa, agradece al péndulo y continúa con la sesión de sanación.

Limpieza del aura

Cada persona tiene un campo de energía que la rodea, conocido como aura. Este campo energético áurico se ve afectado por todo lo que sucede en la vida de una persona, ya sean eventos importantes o pequeños. Discutir con alguien afectará tu bienestar mental, al igual que encontrarte con alguien que no te agrada. Todos estos acontecimientos en tu vida dejan una marca en el campo áurico. El impacto de los sucesos que te dejan traumatizado es aún mayor.

Sanación con cristales

Además de trabajar con los chakras y el aura, puedes usar péndulos en combinación con cristales para potenciar la sanación energética. Los cristales tienen propiedades curativas únicas y pueden ser empleados para equilibrar, limpiar y fortalecer el campo energético.

1.	Selección de cristales para la sanación: Para elegir los cristales adecuados para la sesión de sanación, coloca varios cristales sobre una mesa o en el suelo. Sujeta el péndulo en tu mano dominante y acércalo a cada cristal, uno por uno. Pide orientación sobre si ese cristal en particular es beneficioso para la sesión de sanación. Observa la respuesta del péndulo (un movimiento de sí o no) para determinar qué cristales usar.

2.   Colocación de cristales en los chakras: Una vez que hayas seleccionado los cristales apropiados, colócalos en los chakras que necesitan sanación o equilibrio. Pide a la persona que respire profundamente y se relaje mientras colocas suavemente los cristales en los puntos de energía correspondientes.

3.   Uso del péndulo para potenciar la energía de los cristales: Con el péndulo en tu mano dominante, empieza en el chakra de la coronilla y desciende hacia el chakra raíz. Mientras sostienes el péndulo sobre cada cristal, pide que la energía curativa del cristal sea amplificada y dirigida al chakra correspondiente. Observa cómo el péndulo se mueve en círculos sobre los cristales, lo que indica que la energía se está transmitiendo y equilibrando.

4.   Retirada de los cristales: Después de que el péndulo haya completado su trabajo en cada chakra, retira cuidadosamente los cristales, empezando por el chakra raíz y subiendo hasta la coronilla. Asegúrate de agradecer a los cristales por su ayuda y energía en la sesión de sanación.

5.   Limpieza de los cristales: Es importante limpiar y cargar los cristales después de cada sesión de sanación. Puedes hacerlo sumergiéndolos en agua con sal, enterrándolos en la tierra o exponiéndolos a la luz de la luna o del sol. Consulta las propiedades específicas de cada cristal para conocer el método de limpieza más adecuado.

Geometría sagrada y péndulos

La geometría sagrada es un concepto que se refiere a patrones, proporciones y formas que se encuentran en la naturaleza y en diseños arquitectónicos, y que también están presentes en prácticas espirituales y religiosas. Trabajar con la geometría sagrada y péndulos puede mejorar la intuición, la conexión espiritual y la sanación energética.

1.　　　Creación de una rejilla de cristales: Las rejillas de cristales son patrones geométricos creados con piedras y cristales, diseñados para amplificar la energía curativa y manifestar intenciones específicas. Utiliza tu intuición y conocimientos de geometría sagrada para crear una rejilla que se ajuste a tus necesidades o las de la persona que recibe la sanación. Coloca los cristales en puntos específicos de la rejilla, siguiendo un patrón que represente tu intención.

2.　　　Activación de la rejilla con el péndulo: Sujeta el péndulo en tu mano dominante y colócate en el centro de la rejilla. Pide que la energía curativa de los cristales y la geometría sagrada se active y amplifique. Observa cómo el péndulo comienza a moverse en círculos, indicando que la energía se está activando y fluyendo a través de la rejilla.

3.　　　Sanación con la rejilla y el péndulo: Pide a la persona que necesita sanación que se siente o se acueste cómodamente cerca de la rejilla de cristales. Con el péndulo en tu mano dominante, empieza en el chakra de la coronilla y desciende hacia el chakra raíz, sosteniendo el péndulo sobre cada chakra y pidiendo que la energía curativa de la rejilla fluya hacia esa área. Observa cómo el péndulo se mueve, indicando que la energía se está transmitiendo y equilibrando.

4.   Finalización de la sesión de sanación: Una vez que hayas trabajado con cada chakra, agradece a los cristales y a la energía de la geometría sagrada por su ayuda en la sanación. Pide a la persona que recibe la sanación que respire profundamente y se centre en su cuerpo, permitiendo que la energía curativa se integre completamente.

5.   Limpieza y almacenamiento de la rejilla de cristales: Después de la sesión, asegúrate de limpiar y cargar los cristales utilizados en la rejilla, siguiendo los métodos de limpieza adecuados para cada tipo de cristal. También puedes desmontar la rejilla y guardarla en un lugar sagrado o en un espacio donde puedas acceder fácilmente a ella para futuras sesiones de sanación.

La práctica continua con péndulos, cristales y geometría sagrada fortalecerá tu habilidad para trabajar con energías sutiles y mejorar tus habilidades de sanación energética. Mantén la mente abierta y sigue aprendiendo y explorando nuevas técnicas y herramientas para enriquecer tu práctica y beneficiar a aquellos que buscan sanación y equilibrio en sus vidas.

Sanación con péndulo y diagramas

Al emplear péndulos en la sanación, estos se desplazan de tal forma que permiten identificar zonas del cuerpo que requieren atención. Un péndulo es capaz de reconocer las variaciones energéticas en distintas áreas de tu cuerpo. Además, puede detectar energías intensas o débiles en el entorno que te envuelve.

La radiestesia aplicada a la salud no solo sirve para descubrir enfermedades en el cuerpo. El ambiente que te rodea influye en tu bienestar tanto como lo que ocurre dentro de ti. Los alimentos que consumes, el clima y muchos otros factores inciden en tu salud. Tu cuerpo y mente están expuestos constantemente a estos elementos. Puedes usar el péndulo al comprar frutas y verduras para verificar su frescura. También puedes emplearlo para determinar si los alimentos que ingieres te beneficiarán o tendrán un impacto negativo en tu organismo. Los péndulos incluso pueden servir para detectar áreas de tu hogar u oficina que vibren en sintonía con tu frecuencia.

La manera más simple de utilizar un péndulo es haciendo preguntas de respuesta afirmativa o negativa. Tu péndulo se moverá en una dirección para indicar sí y en otra para señalar no. Plantear preguntas objetivas te permitirá obtener respuestas claras. Por ejemplo, puedes preguntar si un alimento en particular te hará ganar peso, en lugar de preguntar si te hará engordar o adelgazar. La última no es una pregunta sencilla de sí o no, así que no recibirás respuestas precisas.

También puedes emplear el péndulo para leer un gráfico de abanico. Este tipo de gráfico tiene un círculo completo o un semicírculo dividido en varios ángulos equiláteros. Estos ángulos facilitan diferentes respuestas cuando preguntas al péndulo. Puedes usar un diagrama de abanico para decidir qué alimentos comer en un día específico. Anota en la tabla diferentes frutas, verduras o incluso nombres de platillos. Coloca el péndulo sobre el abanico y pregúntale qué debes comer ese día. Espera a que el péndulo se mueva y se dirigirá hacia los alimentos que deberías consumir. Apunta la respuesta del péndulo. Luego puedes volver a preguntar si hay algún otro alimento en la tabla que debas ingerir. Continúa haciéndole estas preguntas hasta que el péndulo deje de responder o te dé un no.

Además, puedes usar el péndulo junto con un mapa corporal. Un gráfico corporal contiene el contorno de tu cuerpo y puede incluir dibujos de tus órganos o incluso representaciones de tus chakras. El péndulo puede usarse sobre el mapa para señalar cualquier parte del cuerpo enferma o cualquier chakra bloqueado. Los sanadores que realizan lecturas a distancia suelen emplear mapas corporales, aunque esta habilidad se perfecciona con la experiencia. Durante una lectura a distancia, no es necesario estar en la misma habitación que el sanador o la persona a la que deseas ayudar. La sesión de lectura a distancia con un mapa corporal puede utilizarse para diagnosticar una enfermedad y enviar energía sanadora a la persona, incluso si se encuentra en otro lugar, sin necesidad de su presencia física.

Al utilizar un péndulo para sanación, es fundamental estar enfocado y relajado. Debes concentrarte en la pregunta que le haces al péndulo y mantener tu mente abierta y receptiva para recibir la respuesta adecuada. La radiestesia con una mente clara y enfocada facilitará una sanación efectiva. Sin embargo, es importante recordar que la sanación con péndulo no puede reemplazar la medicina alopática. Más bien, se trata de una práctica complementaria que ayudará a la persona a recuperarse más rápidamente mientras también recibe tratamiento alopático.

Pautas adicionales para la Sanación

Recomiendo seguir las siguientes pautas cuando realices una sanación:

La persona te solicita ayuda. Puedes ofrecer tu apoyo, pero nunca lo impongas a nadie.

Haz preguntas, escucha y empatiza para comprender la situación en la que se encuentra la persona. Así, lograrás que se sienta escuchada, podrás brindar sugerencias útiles y obtendrás una comprensión intuitiva del trabajo de sanación necesario para ella.

Explica lo que vas a hacer y obtén el consentimiento de la persona.

Ora por guía, protección y el mayor bienestar de la persona.

Brinda a la persona la oportunidad de asentar e integrar la experiencia conversando sobre ella si así lo desea. Podrías compartir tus impresiones si está receptiva a ello.

No fuerces una sanación en otra persona. Está bien preguntar si alguien desea una sanación, pero no obligues. Algunas personas necesitan atravesar una enfermedad o problema de salud para evolucionar. Otras no están abiertas a ello. Si alguien no puede hablar por sí mismo (por ejemplo, está demasiado enfermo, es un bebé, una mascota, etc.) y sientes que debes ayudar, podría ser apropiado hacerlo. Ora y pide guía, asegurándote de que tus esfuerzos sean en beneficio del bienestar de la persona sanada y de todos los involucrados.

Ora/Invoca protección de tus ayudantes y aliados. Siempre es mejor comenzar una sanación con una oración. Tu trabajo de sanación será más poderoso si te apartas y permites que el espíritu te guíe y ayude. Es mejor pedir siempre que se aprendan las lecciones necesarias y que la sanación sea en el mayor beneficio de la persona y de todos los involucrados.

Asume siempre que tu sanación funcionó, aunque no veas efectos inmediatos. Nunca sabemos qué papel estamos destinados a desempeñar en la vida de una persona mientras realizamos una sanación. La sanación puede ocurrir en muchos niveles y, a veces, simplemente lleva tiempo que se asiente. Muchas veces, he realizado sanaciones sin ver resultados dramáticos de inmediato, pero luego, en unas horas, días o semanas, me enteré de que la persona tuvo una sanación importante o un cambio completo. Confía en el proceso y asume siempre que funcionó. Dicho esto, si una persona solicita que hagas más trabajo, a veces es necesario, así que sé receptivo a los comentarios.

Cuando los péndulos de sanación hacen su trabajo, los resultados pueden parecer milagrosos. ¿Cómo puede un péndulo que se balancea sobre el cuerpo de una persona o sobre una tarjeta índice afectar su salud y bienestar físico?

Si eres sensible a las "energías" y colocas tu mano debajo de un péndulo de sanación, lo sientes en tu palma. Esta transmisión invisible del péndulo (combinada con tu consciencia) es lo que realiza el trabajo de sanación. Las personas conocedoras de la anatomía oculta/esotérica del ser humano saben que el cuerpo es parte de un campo llamado aura. El péndulo estimula la sanación al afectar el aura, lo que provoca que la mente y el cuerpo se restauren y sanen.

★

Uso de péndulos en la sanación energética

Si asistes a clases de meditación o yoga, a menudo escucharás a los profesores hablar sobre los chakras y su relevancia en tu cuerpo y vida. Siempre se enfatiza la importancia de mantener estos chakras en equilibrio y permitir un flujo libre de energía a través de ellos. Esto se debe a que el estado de tus chakras afecta profundamente tu salud mental, física y espiritual. Cuando existe algún bloqueo o desequilibrio en los chakras, se manifiesta de manera negativa. La sanación de los chakras puede llevarse a cabo de diversas formas, incluido el uso de péndulos. Aquí aprenderás más sobre qué son los chakras, cómo te afectan y cómo puedes sanar el sistema de chakras usando tu péndulo.

¿Qué son los chakras? La palabra chakra proviene del sánscrito y significa rueda o disco. Un chakra es un centro energético en tu cuerpo. Dado que hay un flujo constante de energía a través de estos chakras, se visualizan como ruedas de energía, de ahí su nombre. Cada chakra en el cuerpo corresponde a órganos principales y haces nerviosos. Influyen en el funcionamiento de los diferentes sistemas del cuerpo y en el bienestar en general. Los chakras deben estar abiertos y equilibrados para funcionar de manera óptima. Cuando existe algún desequilibrio o bloqueo, se experimentan síntomas emocionales o físicos según el chakra afectado.

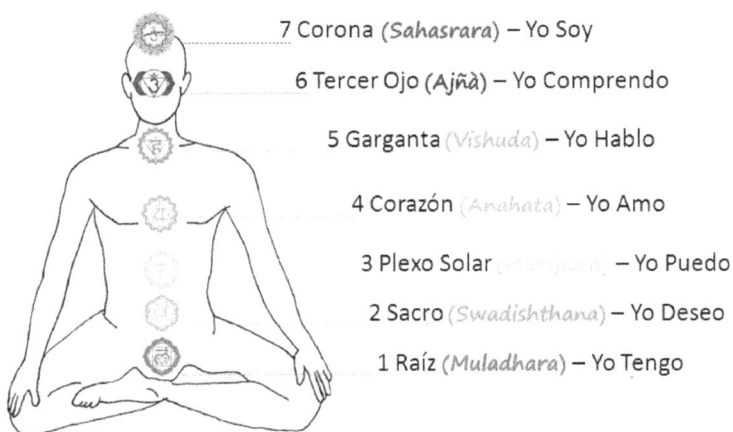

7 Corona (*Sahasrara*) – Yo Soy

6 Tercer Ojo (*Ajñà*) – Yo Comprendo

5 Garganta (*Vishuda*) – Yo Hablo

4 Corazón (*Anahata*) – Yo Amo

3 Plexo Solar (*Manipura*) – Yo Puedo

2 Sacro (*Swadishthana*) – Yo Deseo

1 Raíz (*Muladhara*) – Yo Tengo

Cada persona tiene siete chakras principales en su cuerpo. Estos se extienden desde la parte superior de la cabeza hasta la parte inferior del cuerpo a lo largo de la columna vertebral. El chakra más bajo se encuentra en la base de la columna vertebral, mientras que el más alto está en la coronilla, pero estos siete chakras son solo los principales. Hay más de 100 chakras en el cuerpo. Sin embargo, es más importante enfocarse en estos siete y asegurarse de que la energía fluya constantemente a través de ellos libremente.

Los siete chakras

El sistema de chakras cuenta con siete centros energéticos principales ubicados en diferentes puntos a lo largo de la columna vertebral. Cada chakra tiene su propio significado y debe ser estudiado de manera individual.

Chakra Raíz

Muladhara es el chakra más bajo y se encuentra en la base de la columna vertebral. Este chakra te proporciona una base para la vida. Ayuda a que te sientas conectado a tierra y te permite enfrentar cualquier desafío que se te presente. Si tu chakra raíz es estable, experimentarás una sensación de estabilidad y seguridad.

Cuando este chakra está bloqueado, experimentarás los siguientes síntomas:

• Dolor en las piernas y pies.

• Sensación de inseguridad e inestabilidad.

• Vida doméstica caótica.

• Sentimiento de insuficiencia o no ser suficientemente bueno.

• Estrés debido a circunstancias externas.

• Pereza y estancamiento.

Chakra Sacro

Svadhisthana se encuentra por encima del chakra raíz, ubicado un poco debajo del ombligo. El chakra sacro está relacionado con la energía creativa y sexual. Este chakra es responsable de cómo te relacionas con tus emociones y también de cómo reaccionas ante las emociones de los demás a tu alrededor.

Cuando este chakra está bloqueado, experimentarás los siguientes síntomas:

- Problemas de movilidad en la cadera y zona lumbar.

- Sentirse emocionalmente abrumado.

- Cerrarse a las emociones.

- Falta de creatividad e imaginación.

- Problemas con la autoimagen.

- Dificultad en la intimidad sexual y emocional.

Chakra del Plexo Solar

Manipura es el chakra presente en la región del estómago. Este chakra está relacionado con la autoestima y la confianza. Si está equilibrado, te da una sensación de control sobre tu vida.

Cuando este chakra está bloqueado, experimentarás los siguientes síntomas:

- Sensación de impotencia.

• Dolor en el abdomen.

• Problemas digestivos.

• Comportamiento apagado en las relaciones.

• Falta de autoestima.

• Problemas de compromiso.

• Ego exagerado.

• Incapacidad para cumplir planes u objetivos.

Chakra del Corazón

Anahata es el chakra presente cerca del corazón, situado en el centro del pecho. Este chakra está relacionado con la compasión y el amor. Cuando su energía fluye libremente, puedes expresar mejor estas emociones a los demás.

Cuando este chakra está bloqueado, experimentarás los siguientes síntomas:

• Tendencia a guardar rencor.

• Dolor en el pecho y en la parte superior de la espalda.

• Falta de autocompasión.

• Dificultad para conectar emocionalmente con los demás.

• Alergias o asma.

• Sensación de ser difícil de amar.

Chakra de la Garganta

Vishuddha es el chakra presente en la garganta. Te ayuda a comunicarte libremente y a expresarte.

Cuando este chakra está bloqueado, experimentarás los siguientes síntomas:

• Dificultad para expresarte o hablar aunque quieras.

• Sensación de garganta bloqueada.

• Rigidez o dolor en el cuello.

• Tendencia a hablar nerviosamente sin parar.

• Dificultad para defenderse o defender tus opiniones.

Chakra del Tercer Ojo

Ajna es un chakra ubicado entre los ojos. Cuando este chakra está sano, tu instinto visceral será fuerte. Está relacionado con la intuición y la imaginación.

Cuando este chakra está bloqueado, experimentarás los siguientes síntomas:

• Falta de inspiración.

• Tensión en la región de la frente.

• Dolores de cabeza.

• Dificultad para tomar decisiones.

• Niebla mental.

• Imaginación hiperactiva.

Chakra de la Corona

Este es el más alto del cuerpo y se encuentra en la parte superior de la cabeza. Está directamente relacionado con tu conexión espiritual con el universo, contigo mismo y con los demás. Este chakra es responsable de dar sentido a tu vida y su propósito. Si este chakra está bloqueado, podrías experimentar síntomas como un excesivo apego a las cosas materiales, migrañas, dificultad para ver las cosas desde la perspectiva de los demás, y una falta de conexión espiritual.

• Si experimentas alguno de estos síntomas, podrías tener un bloqueo en tu chakra de la Corona. Es importante trabajar para desbloquear tus chakras, especialmente en situaciones de estrés o ansiedad, ya que estos estados pueden alterar el flujo de energía en tus chakras. El estrés y la ansiedad pueden afectarte tanto física como energéticamente, y cuanto más tiempo los acumules, mayor será su impacto negativo en tu mente y en tu cuerpo. Si quieres vivir una vida feliz y saludable, debes aprender a desbloquear tus chakras. Los péndulos pueden ser una herramienta útil para lograr esto.

Cuando sostienes un péndulo sobre cualquier chakra, notarás que se produce algún tipo de movimiento. El movimiento del péndulo te indicará la energía que emite el chakra. Este movimiento te ayudará a detectar si hay bloqueos energéticos, desequilibrios o equilibrios dentro de ese chakra en particular. Usar un péndulo es una excelente manera de diagnosticar y sanar tus chakras para que puedas mejorar tu estado físico, emocional y espiritual en general.

Péndulos de Cristal para cada Chakra

Para cada chakra, existen péndulos de cristal específicos que pueden ayudar en su curación y equilibrio.

Chakra Raíz

Para el chakra raíz, algunos de los péndulos de cristal recomendados son el granate, que puede ayudar a equilibrar y re-energizar el chakra, la hematita, que bloquea la energía negativa, mejora la circulación sanguínea y proporciona conexión a tierra, y el jaspe rojo, que absorbe la energía negativa y ayuda a sentirse conectado a tierra.

Chakra sacro

• Cornalina. Esta piedra naranja proporciona motivación y restaura la vitalidad en el chakra sacro. También puede dar coraje y promover la positividad.

• Ámbar. El ámbar es una piedra re-energizante que puede ayudar a aliviar el dolor en este chakra. Además, también ayuda a traer serenidad y calma.

Chakra del plexo solar

• Citrino. Esta piedra es ideal para favorecer la imaginación y la manifestación de tus deseos y proyectos.

• Ágata. Si buscas fortalecer el intelecto y protegerte de energías negativas, elige esta piedra. Además, puede aumentar la creatividad y traer suerte.

• Jade amarillo. Si necesitas aumentar la confianza en ti mismo y controlar mejor tu vida, esta piedra es la indicada.

• Ojo de tigre. Si deseas tener mayor claridad mental, confianza en ti mismo y mejorar tus habilidades intuitivas, esta piedra te puede ser muy útil.

Chakra del corazón

- Cuarzo Rosa. Te ayudará a sentirte tranquilo y compasivo.

- Aventurina. Promueve el optimismo y trae prosperidad.

- Amazonita. Te ayuda a decir lo que piensas.

Chakra de la garganta

- Turquesa. Actúa como piedra protectora y favorecerá la relajación mental y una mejor comunicación.

- Apatita Azul. Ayudará a una mejor comunicación y fomentará la creatividad.

- Celestita. Es una piedra de buena comunicación.

Chakra del Tercer Ojo

- Zafiro. Aporta felicidad y más perspicacia. Ayuda a cumplir objetivos y a resolver problemas.

- Lapislázuli. Favorece la intuición y aporta sabiduría.

- Sodalita. Aumenta la capacidad de concentración y de pensar con claridad.

Chakra de la Corona

- Cuarzo transparente. Magnificará el poder de cualquier otra piedra que utilices y ayudará a traer la iluminación.

- Amatista. Sanará tu aura y ayudará en las conexiones espirituales.

- Piedra Lunar. Te abre a recibir amor.

Cómo comprobar el flujo de energía en tus chakras con un péndulo

La utilización de un péndulo es una técnica altamente efectiva para evaluar el flujo de energía presente en los chakras. El péndulo actúa como un amplificador de la energía que fluye a través de cada uno de los centros energéticos de nuestro cuerpo. Al observar la manifestación de este flujo de energía a través de la oscilación del péndulo, podemos adquirir una comprensión más profunda sobre el estado de nuestros chakras.

Es importante recordar que nuestros chakras se encuentran en constante cambio, abriéndose y cerrándose en diferentes fases. Si bien es ideal que nuestros chakras permanezcan abiertos, no siempre es negativo que algunos de ellos se cierren. El sistema energético de nuestro cuerpo siempre se encuentra en equilibrio, y de forma constante ajusta el flujo de energía en todos nuestros chakras. En algunos casos, un chakra puede cerrarse temporalmente para promover una mejor salud y sanación en nuestro cuerpo, esto sucede principalmente cuando existe un problema relacionado con ese chakra en particular.

Trabajar con tus chakras no requiere el uso de ningún péndulo en particular. Solo procura utilizar uno con el que te sientas más conectado para dicha tarea,

Estas son algunas formas en las que puedes comprobar el estado del flujo de energía en tus chakras:

Con ayuda de alguien más

Para llevar a cabo este método, necesitarás la ayuda de otra persona de confianza, como un amigo, y un péndulo. Antes de comenzar, es importante que te conectes con tu péndulo y establezcas la fuente de las respuestas que se te darán. Asimismo, asegúrate de que ambos estén tranquilos y no tengan expectativas concretas para la lectura.

Busca un lugar cómodo para acostarte y pide a tu amigo que se sitúe cerca de ti mientras sostiene el péndulo sobre cada uno de tus chakras, manteniéndolo a unos centímetros por encima de cada uno de ellos. A continuación, tu amigo deberá observar el movimiento del péndulo sobre cada chakra y anotar la dirección e intensidad del movimiento. Una vez que hayan hecho esto para los chakras de la parte delantera de tu cuerpo, da la vuelta y permite que repitan el proceso en tu espalda, anotando también las lecturas obtenidas. Después, compara las lecturas y presta atención a las diferencias en cuanto a la intensidad de los movimientos, el tamaño de la oscilación y la dirección de cada chakra. Una gran oscilación indica una mayor cantidad de energía fluyendo a través de ese chakra, mientras que una oscilación pequeña indica una menor cantidad de energía impulsándolo. En situaciones ideales, la oscilación será casi siempre la misma y todos los chakras estarán abiertos, pero es común encontrar diferencias y algunos bloqueos. Al identificar las diferencias, podrás determinar cualquier bloqueo o desequilibrio presente.

Interpretar el movimiento

He aquí algunas interpretaciones comunes de los movimientos del péndulo:

• La oscilación del péndulo en el sentido de las agujas del reloj indica que el chakra está abierto, permitiendo que la energía fluya libre y equilibradamente.

• Cuando el péndulo se mueve en sentido contrario a las agujas del reloj, es señal de que el chakra está cerrado y que hay una restricción en el flujo de energía a través de él, lo que indica un bloqueo o desequilibrio.

• La oscilación lineal del péndulo indica que el chakra se encuentra parcialmente cerrado, lo que sugiere que existe algún tipo de bloqueo o desequilibrio en el flujo de energía.

• Si el péndulo se mueve de forma elíptica, es probable que exista un desequilibrio en uno de los lados del chakra. Aunque hay energía fluyendo por el chakra, está bloqueada o desequilibrada en un lado.

• Cuando el péndulo no se mueve, se interpreta como un signo de que el chakra está completamente bloqueado, lo que significa que no hay flujo de energía a través de él

Utiliza un diagrama canalizador

Otra forma de evaluar tus chakras es mediante el uso de un diagrama que funcione como un canalizador de energía. Para hacerlo, necesitarás una copia impresa de los símbolos que representan los siete chakras principales, así como un péndulo. Antes de empezar, asegúrate de establecer la fuente de las respuestas que obtendrás a través del péndulo. La impresión de los chakras actúa como un sustituto del cuerpo o de la persona cuyos chakras deseas analizar. Tómate unos momentos para meditar y calmar tu mente antes de comenzar. Luego, sostén el péndulo sobre el chakra superior y comienza por ahí. Visualiza el chakra en tu cuerpo mientras lo haces y observa los movimientos del péndulo. Anota los movimientos a medida que avanzas de un símbolo de chakra a otro, evitando pensar en cómo debería moverse el péndulo. Permítele que fluya libremente y registra sus movimientos. Posteriormente, podrás interpretar los movimientos de la misma manera que lo haces habitualmente.

Utilizando plantillas o gráficos

También puedes realizar una lectura de péndulo utilizando un diagrama de chakras que tenga todos los centros energéticos marcados. Coloca el diagrama sobre una superficie plana y sostén el péndulo sobre él. Formula preguntas al péndulo para determinar el flujo de energía o el estado de cada uno de tus chakras. Puedes hacer preguntas generales como "¿Qué chakra se encuentra desequilibrado hoy?" o ser más específico y preguntar "¿Qué chakra está causándome ansiedad hoy?". Asegúrate de formular preguntas claras para que el péndulo pueda proporcionarte respuestas precisas.

Cómo usar un péndulo para equilibrar los chakras

Si deseas sanar tus chakras, utilizar un péndulo puede ser una excelente manera de comenzar. Para hacerlo, sigue estos pasos:

1. Sostén el péndulo sobre la ubicación del chakra que desees trabajar. Por ejemplo, si has notado un

bloqueo en el chakra del tercer ojo, sostén el péndulo sobre el centro de tu frente.

2.   Permanece quieto y espera a que el péndulo empiece a moverse por sí solo. El movimiento te indicará la dirección de la energía en ese chakra.

3.   Puedes centrarte en un chakra específico o recorrer cada chakra individualmente. Si deseas trabajar en todos los chakras, comienza por el chakra coronario o el chakra raíz y ve en orden.

4.   Si el péndulo se mueve de forma errática sobre cualquier chakra, indica un desequilibrio en la energía de ese centro.

5.   Si el péndulo no se mueve en absoluto, es señal de un bloqueo en ese chakra.

6.   Después de recorrer todos los chakras, utiliza el péndulo para pedir armonía en tu sistema de chakras. Pídele al cuerpo y a los poderes superiores que restablezcan el equilibrio dentro de tus chakras.

7.   Si estás realizando este ejercicio de sanación con el péndulo en otra persona, pídele que solicite esta armonía. Comunícate con ellos sobre los chakras y sus funciones, y empodéralos con el conocimiento para que puedan hacer su propia parte en la sanación de sus chakras.

8.   Recuerda que el péndulo en sí no realizará la curación, sino que es una herramienta útil en el proceso. Es importante pedir al cuerpo que se cure a sí mismo y realinee los chakras.

9.	Utiliza el péndulo al final del ejercicio para verificar si los movimientos indican un flujo de energía saludable a través de cada chakra.

Utilizar un péndulo es una excelente manera de equilibrar tus chakras, ya que es una herramienta accesible y fácil de usar. No es necesario gastar mucho dinero o esfuerzo para utilizarlos, ya que lo más importante es tu intención y paciencia durante el proceso.

Es fundamental limpiar el péndulo después de usarlo para hacer sanaciones, esto con el fin de eliminar cualquier energía negativa que haya acumulado. De lo contrario, no funcionará correctamente si se utiliza para cualquier otro propósito en el futuro. Así que asegúrate de limpiar tu péndulo para que puedas utilizarlo correctamente en el futuro.

★

Péndulo Testigo

El péndulo testigo es un tipo especial de péndulo que se caracteriza por contar con un contenedor o cavidad para colocar un objeto testigo en su interior. A lo largo de la historia, los péndulos han evolucionado desde simples hilos con objetos significativos atados a ellos hasta péndulos más sofisticados, fabricados con cristal, piedras preciosas, metales y maderas, incluyendo aquellos con la capacidad de albergar objetos en su interior.

Características del péndulo testigo

El péndulo testigo se distingue por su capacidad de alojar objetos en su interior, tales como hierbas, esencias, fotografías u otros elementos significativos para la adivinación. Estos péndulos se utilizan principalmente en la búsqueda de objetos, animales o personas, así como en la realización de sanaciones a distancia a través de la magia del péndulo.

Estos instrumentos místicos pueden estar fabricados con diversos materiales, como madera, metal, cuarzo, cristal, piedras o minerales, cada uno con propiedades específicas para distintos tratamientos energéticos.

PÉNDULO TESTIGO

Un ejemplo particular es el péndulo testigo hebreo, que se utiliza en combinación con las letras del alfabeto hebreo para realizar diagnósticos y sanaciones tanto presenciales como a distancia, y para equilibrar las energías. Este péndulo suele estar hecho de madera de haya y presenta dos ranuras en un extremo, mientras que el otro extremo es liso. La parte superior lisa del péndulo se utiliza para diagnosticar y detectar dolencias, mientras que el lado con ranuras se emplea para sanar, activando el flujo de energías del cuerpo. Durante su uso, se colocan letras o palabras hebreas alrededor del péndulo para la sanación del paciente.

Cómo utilizar el péndulo testigo

Ya hemos mencionado el uso del péndulo testigo hebreo, pero existen otros péndulos testigos con cavidades en las que se pueden introducir elementos para potenciar su propósito mágico. Estos péndulos pueden estar hechos de una variedad de materiales, incluso plástico, aunque muchos prefieren materiales más nobles y llenar su interior con objetos relacionados con sus objetivos.

Para encontrar objetos o personas, o para realizar sanaciones, se puede colocar un elemento relacionado con lo que se busca o se desea sanar en el interior del péndulo. En este sentido, hay dos tipos de péndulos testigo: los biológicos, que se llenan con elementos biológicos como cabello, uñas, saliva o sangre; y los artificiales, que contienen elementos como fotografías, dibujos, palabras, trozos de ropa o mapas, relacionados con la persona o animal que se busca o se quiere sanar.

Otro método para utilizar el péndulo testigo en sanaciones consiste en introducir un elemento biológico de la persona en el péndulo y disponer en fila elementos sanadores, como hierbas, esencias o aromas de flores de Bach. Al sostener el péndulo, se debe visualizar a la persona a la que se desea sanar y pasar el péndulo por cada uno de los elementos dispuestos en fila. Si la persona padece de depresión, se utilizarán esencias específicas para combatir la depresión, pasando el péndulo por ellas e imaginando los efectos positivos en la persona y su posterior recuperación.

Para encontrar objetos utilizando el péndulo testigo, se pueden introducir en su interior elementos relacionados con lo que se busca y formular preguntas cerradas para que el péndulo responda "sí" o "no". Por ejemplo, se podría preguntar: "¿Las llaves del coche están dentro de casa?" y obtener la respuesta del péndulo. A medida que se realicen preguntas más específicas, se irá acercando a la solución deseada.

★

Uso de Plantillas

El uso de plantillas y diagramas para mejorar la precisión en las sesiones con péndulos

Uno de los desafíos más importantes al trabajar con péndulos es interpretar correctamente las respuestas obtenidas. A menudo, las personas pueden sentirse inseguras o confundidas al tratar de comprender el significado de los movimientos del péndulo. Para facilitar esta tarea, las plantillas y diagramas son herramientas sumamente útiles que pueden ayudarte a identificar con mayor precisión las respuestas del péndulo en una sesión.

¿Qué son las plantillas y diagramas para péndulos?

Las plantillas y diagramas para péndulos son guías visuales que te permiten organizar las preguntas y las posibles respuestas de una manera clara y fácil de interpretar. Estos esquemas pueden incluir gráficos circulares, tablas o listas

Las plantillas y diagramas para péndulos son guías visuales que se utilizan junto con el péndulo para facilitar la interpretación de sus respuestas. Estas herramientas generalmente incluyen una serie de opciones, símbolos o palabras que representan posibles respuestas, y se colocan debajo del péndulo mientras se realiza la sesión.

Tipos de plantillas y diagramas

Existen diferentes tipos de plantillas y diagramas para péndulos, diseñadas para abordar diversas necesidades y preguntas. Algunos de los tipos más comunes incluyen:

Plantillas de sí/no: Estas plantillas simples, generalmente en forma de un semicírculo, tienen las palabras "sí" y "no" en lados opuestos. El péndulo se coloca en el centro y se mueve hacia una de las palabras para indicar su respuesta.

Plantillas de selección múltiple: Estas plantillas tienen varias opciones, como letras del alfabeto, números o palabras clave, dispuestas en un círculo o cuadrícula. El péndulo se coloca en el centro y se mueve hacia una de las opciones para indicar su respuesta.

Plantillas de chakras: Diseñadas para el trabajo energético y la sanación, estas plantillas incluyen los símbolos de los siete chakras principales. El péndulo se utiliza para identificar bloqueos o desequilibrios en los chakras del consultante.

Plantillas de radiestesia: Estas plantillas se utilizan para encontrar objetos perdidos o ubicaciones geográficas específicas, generalmente presentan un mapa o diagrama del área en cuestión.

Puedes crear tus propias plantillas

A continuación, te explicamos cómo crear una plantilla personalizada para utilizar con el péndulo.

Dibuja un círculo: Comienza dibujando un círculo en un papel o en una superficie adecuada. Este círculo será la base del péndulo y servirá para trazar las líneas que lo dividen en secciones.

Trazar líneas perpendiculares: A continuación, dibuja dos líneas perpendiculares que se cruzan en el centro del círculo. El punto de intersección en el medio actuará como el punto de inicio del péndulo, donde colocarás el objeto de péndulo en sí.

Subdividir el círculo: Ahora que tienes el círculo y las dos líneas, es momento de personalizar la plantilla según tus necesidades. Para ello, traza líneas adicionales en el círculo dividiéndolo en secciones iguales o desiguales, según tu preferencia. El número de secciones dependerá de cuántas opciones desees incluir en tu plantilla.

Etiquetar las secciones: Para personalizar aún más tu plantilla de péndulo, puedes etiquetar cada sección con palabras o frases que representen posibles respuestas o acciones. Esto te facilitará interpretar las respuestas del péndulo y utilizarlo para tomar decisiones importantes. Puedes utilizar símbolos, colores o cualquier otro elemento que te ayude a distinguir las diferentes opciones.

Usar la plantilla: Una vez que la plantilla esté completa, coloca el objeto de péndulo en el punto de inicio en el centro del círculo. Haz una pregunta y espera a que el péndulo se mueva hacia una de las secciones etiquetadas, lo que indicará la respuesta o acción sugerida.

Recuerda que la plantilla del péndulo es totalmente personalizable, por lo que puedes adaptarla a tus necesidades y preferencias específicas. Experimenta con diferentes diseños y opciones hasta encontrar el que mejor se adapte a tus propósitos.

★

Técnicas

¿Nacerá niño o niña? El péndulo como detector de sexo

Durante mucho tiempo, los péndulos han sido empleados con la finalidad de adivinar el sexo de un feto. Este método aún se sigue utilizando en la actualidad por futuras madres de distintas clases sociales. Tradicionalmente, para este propósito en particular, se crea un péndulo al enhebrar el anillo de boda de la futura madre en una cinta, hilo o mechón de su cabello. No obstante, si tienes a mano un péndulo convencional, no dudes en utilizarlo.

Para llevar a cabo esta tarea, necesitarás un péndulo y la presencia de una mujer embarazada. No es necesario programar el péndulo previamente.

Antes de comenzar, y esto es realmente crucial, pide el consentimiento de la mujer embarazada para realizar la radiestesia. A continuación, invítala a que se acomode, ya sea sentada o recostada. Sostén el péndulo a unos dos centímetros por encima de su vientre y espera a que comience a oscilar. Si el péndulo se mueve en círculos, significa que el bebé será una niña, mientras que si oscila en línea recta, será un niño.

Otra alternativa es plantearle directamente la pregunta al péndulo: "¿El bebé que está por nacer en _____ será una niña?" (de nuevo, siempre con el permiso de la futura madre). Asimismo, puedes valerte del péndulo para formular otras preguntas relevantes acerca del embarazo, como la fecha en que se espera que nazca el bebé.

¿Atraes o repeles? Comprobar tu polaridad magnética

La "polaridad" se refiere a la dirección de un campo magnético o eléctrico. La polaridad de nuestro planeta, su campo electromagnético, es una fuerza vital que protege y afecta a todos los seres vivos y objetos en la Tierra. Este sencillo ejercicio con el péndulo te permitirá conocer la polaridad de tu cuerpo y descubrir si tu campo energético está en sintonía con el campo energético terrestre. Aunque este tema es vasto y complejo, este ejercicio es una introducción amigable y accesible a este fascinante campo de estudio.

Materiales necesarios:

Un péndulo

Tus dos manos

*No es necesario programar el péndulo previamente.

Instrucciones para comenzar:

Establece el punto de partida para las respuestas de tu péndulo. Puedes realizar este ejercicio de pie o sentado. Si eliges sentarte, asegúrate de apoyar ambos pies en el suelo.

Extiende la mano izquierda con la palma hacia arriba. Con la mano derecha, sujeta el péndulo de manera que quede justo encima de la palma abierta, sin llegar a tocarla.

Observa cómo oscila el péndulo y registra la dirección de la oscilación. Puede ser circular (en el sentido de las agujas del reloj o en sentido contrario) o en línea recta.

Cambia de mano y repite el proceso, anotando el tipo de oscilación que obtienes para la mano derecha.

Interpretación de los resultados:

Si estás en armonía con el campo magnético de la Tierra, tu lado derecho generará una oscilación en el sentido de las agujas del reloj (positivo) y tu lado izquierdo una oscilación en sentido contrario (negativo). El lado derecho del cuerpo se asocia con el aspecto positivo del campo magnético terrestre, mientras que el izquierdo se relaciona con el aspecto negativo. Si obtienes una oscilación en línea recta, esto indica un equilibrio entre las fuerzas positivas y negativas en ese lado de tu cuerpo.

A través de este ejercicio, podrás comprender mejor la relación entre tu polaridad energética y la del campo magnético terrestre, lo que te permitirá tomar medidas para alcanzar un estado de armonía y equilibrio energético. Si estas en armonía con el magnetismo terrestre, estás dejando que las cosas fluyan en tu camino, de lo contrario sería bueno que establecieras que tipo de bloqueos están interfiriendo con lo que quieres.

Desarrollo Intuitivo y Clarividencia

Puedes llevar tu habilidad con el péndulo a nuevos niveles empleando ejercicios intuitivos y de clarividencia. Como clarividencia se denomina el "ver algo que está oculto". Un ejercicio que me gusta hacer y practicar a veces en mis talleres y presentaciones, es el de tomar 3 sobres y un billete de alta denominación. Guarda el billete dentro de uno de los sobres y mézclalos sobre la mesa de manera que no sepas exactamente cuál es el que contiene el billete.

Comienza a pasar el péndulo sobre cada uno de los sobres y fíjate cómo se comporta. Si se mueve de manera diferente en algún sobre o no se mueve para nada. El dinero suele estar cargado energéticamente, y por ello suele ser excelente para este tipo de ejercicio. Deja que el movimiento del péndulo te indique en qué sobre se encuentra el billete. Con la práctica se sorprenderán los resultados y que tanto puedes encontrar algo que literalmente ¡Está oculto!

Psicometría

Como Psicometría o Psicoscopia se define la percepción extrasensorial sobre objetos físicos. El término fue acuñado por Joseph Rodes Buchanan en 1842 al desarrollar la idea paranormal de que todos los objetos emanan algo de energía y se impregnan de la misma energía de sus dueños.

La práctica ha sido incluso usada por las autoridades para obtener pistas sobre objetos que encuentran en escenas de crimen, aunque por la característica paranormal y holística de la práctica, no hagan mucho alarde de ello.

Un experto en psicometría suele tomar un objeto y describir lo que percibe que emana de él. Puede describir a su dueño o incluso su historia. Es algo similar a cuando un grafólogo estudia una firma y a partir de los trazos define rasgos de personalidad del firmante.

Un péndulo puede ser un excelente canalizador en prácticas de psicometría. Para ello, solo colócalo a 3 cms de distancia de un objeto y deja que la vibración del péndulo guie tus visiones.

Préstale atención a las imágenes que aparecen en tu mente. Puedes hacerle preguntas al péndulo sobre el objeto y ver este como responde. Así por ejemplo, pídele una llave a algún amigo conocido y practica que te dice el péndulo sobre esa persona.

De nuevo, todo con práctica, te llevará a sorprenderte puesto que estarás describiendo a personas sin siquiera conocerlas, o les contarás cosas sobre ellos que tal vez, no tienes como saber.

Como desbloquear energéticamente tu hogar

En ocasiones, una habitación o incluso una casa completa puede retener vibraciones negativas que, aunque no podamos ver, sin duda podemos percibir. Sientes que algo no va bien, pero ¿qué es exactamente? La energía de eventos negativos puede persistir mucho tiempo después de que estos hayan ocurrido, como en el caso de una discusión familiar o una enfermedad. Puedes valerte de tu péndulo como un detective energético para desentrañar este misterio.

Este ejercicio es más efectivo si eres la única persona en la habitación. Para llevarlo a cabo, necesitarás un péndulo programado para dar respuestas de sí o no (si no sabes cómo hacerlo, sigue estas instrucciones para programar tu péndulo).

Antes de empezar, es fundamental que "limpies" tanto tu propia energía como la del péndulo, para no interferir con los resultados. Para purificar tu energía, puedes utilizar el humo de la salvia o visualizar una lluvia de luz blanca cayendo en cascada justo por encima de tu cabeza. A continuación, asegúrate de conectar con la fuente de tu péndulo.

Una vez que estés listo, de pie o sentado en la habitación en cuestión, formula la siguiente pregunta a tu péndulo: "¿Existen energías negativas o indeseables en esta habitación?". También puedes preguntar: "¿Hay energías o fuerzas presentes que no estén alineadas con mi energía?". Si se trata de una habitación grande, puedes dividirla en secciones. Observa la respuesta de tu péndulo: ¿sí/no/ o poco clara? Si la respuesta es poco clara, es posible que las mismas energías que le estás pidiendo a tu péndulo que detecte estén obstruyendo los resultados. Interpreta una señal poco clara como un "sí".

Si decides realizar una limpieza energética de la habitación, utiliza el péndulo nuevamente para evaluar el éxito de tu intervención. Vuelve a plantear la pregunta "¿Existen energías negativas o indeseables en esta habitación?". Si la respuesta es afirmativa, cambia la formulación de tu pregunta para obtener más claridad. Podrías preguntar: "¿Hay algún objeto en particular en esta habitación que retenga energía negativa?". Acotar el campo mediante preguntas cada vez más específicas te permitirá enfocarte en el origen del problema. Tal vez la disposición de los muebles en sí misma esté generando una tensión energética que podría disolverse simplemente moviendo una silla o una mesa. Así, podrás mejorar el flujo de energía y disfrutar de un ambiente más armonioso y equilibrado en tu hogar.

Interpretación de sueños con el péndulo

El péndulo puede ser una herramienta valiosa para interpretar sueños y desentrañar mensajes ocultos. Al seguir este proceso paso a paso, podrás aprovechar la sabiduría de tu subconsciente y obtener una mayor claridad sobre cómo tus sueños pueden incidir en tu vida diaria.

Si has tenido un sueño que te ha llamado la atención y deseas saber si tiene un mensaje importante para ti, sigue esta técnica para descubrir cómo el péndulo puede orientarte en la interpretación de tus sueños y su incidencia en tu vida diaria.

1. Prepara tu espacio y el péndulo

Antes de comenzar, asegúrate de estar en un lugar tranquilo y libre de distracciones. Limpia y programa tu péndulo, siguiendo las instrucciones mencionadas en el tutorial anterior, y ten a mano un papel y un lápiz para tomar notas.

2. Pregúntale al péndulo sobre la importancia del sueño

Sostén el péndulo con tu mano dominante y permite que cuelgue libremente.

Haz la siguiente pregunta: "¿El sueño que tuve tiene un mensaje importante para mí?". Observa el movimiento del péndulo para obtener una respuesta de "sí" o "no".

3. Identifica las áreas relevantes

Si el péndulo indica que el sueño es relevante, comienza a preguntar sobre las áreas que podrían ser relevantes en tu vida. Puedes indagar en aspectos como la carrera, el amor, la salud o las relaciones personales. Por ejemplo, pregunta: "¿El mensaje del sueño está relacionado con mi carrera?" o "¿Tiene que ver con mi vida amorosa?".

4. Haz preguntas de sí o no para afinar la interpretación

Una vez que hayas identificado el área en la que el sueño tiene una incidencia, continúa haciendo preguntas de sí o no para profundizar en el mensaje. Por ejemplo, si el sueño está relacionado con tu carrera, pregunta: "¿Debo considerar un cambio de trabajo?" o "¿El sueño sugiere que debo mejorar mis habilidades?".

5. Confía en tu intuición y sigue las pistas

A medida que el péndulo responda a tus preguntas, confía en tu intuición y sigue las pistas que te proporciona. Las respuestas pueden no ser claras al principio, pero al continuar haciéndole preguntas al péndulo, podrás obtener una comprensión más profunda del significado de tus sueños y cómo estos influyen en tu vida diaria.

Explora tus vidas pasadas: Tus registros Akáshicos

En la religión de la teosofía y en la escuela filosófica llamada antroposofía, los registros Akáshicos corresponden a una recopilación de todos los acontecimientos, pensamientos, palabras, emociones e intenciones o información universales, que han ocurrido en el pasado, en el presente o en el futuro, en lo que respecta a todas las entidades y formas de vida -no solamente la humana-; y estos registros están codificados en un plano de existencia no físico, conocido como el plano mental. Esto a lo que nos referimos como el inconsciente colectivo mencionado anteriormente y que fue explorado por el psicólogo Carl Jung.

Algunas personas pueden pensar en este ejercicio con el péndulo como una forma de regresión. No importa si crees en la reencarnación o no, básicamente lo que haremos en este ejercicio es buscar acceder a esos registros Akáshicos personales, a esa mente subconsciente colectiva e identificar lecciones a partir de experiencias pasadas que puedan serte valiosas en el presente o incluso agudizar tu intuición con miras a construir o decodificar tu futuro.

Si piensas realizar esta práctica, procura que sea solo una vez por día y explorando una sola vida a la vez.

Elije un momento del día que sea propicio para una reflexión tranquila y prepara el espacio donde trabajarás atenuando las luces si es necesario. Una vela puede ser útil tanto para establecer el estado de ánimo como para indicarle

-a manera de ritual- a tu mente subconsciente que algo especial está por ocurrir. Ten a mano un lápiz y papel para anotar las respuestas a las preguntas que vas a hacer.

Ponte cómodo y di una oración o afirmación positiva frente a tu intención como, "Que las respuestas que reciba hoy sean para el mayor bien de todos los interesados, y me brinden una mayor comprensión tanto de mí mismo como del Universo que me rodea".

Realiza un ejercicio de respiración y relajación, toma tres respiraciones lentas y profundas y dejando que toda la tensión de tu cuerpo físico desaparezca.

Cuando te sientas listo, pregúntale a tu péndulo: "¿Estoy listo para comenzar?", y espera a que oscile en la dirección "Sí".

Una vez que tu péndulo haya indicado que estás listo, puedes comenzar tu investigación de vidas pasadas identificando hace cuánto tiempo pudo haber ocurrido una de tus vidas. Para ello, pregúntale a tu péndulo: "¿Fue esta vida hace más de cien años?" y espera a ver si responde con un "Sí" o un "No". Si responde con un "Sí", pregúntale "¿Fue esta vida hace más de doscientos años?" y continúa hasta que obtengas un "No". Ahora sabes cuánto tiempo hace que tuvo lugar esta vida en particular.

Lo siguiente a determinar es dónde tuvo lugar la vida en cuestión. Pregúntale a tu péndulo: "¿Tuvo lugar esta vida en América del Norte?" y espera la respuesta. Si la respuesta es "No", sigue sugiriendo diferentes continentes hasta que obtengas un "Sí".

Si lo deseas, una vez que hayas identificado el continente adecuado, puedes reducir la ubicación sugiriendo diferentes países en ese continente. Si recibes un "No" a todos los continentes, es posible que debas explorar la posibilidad de que la vida en cuestión haya tenido lugar en un planeta en una parte diferente de la galaxia, o posiblemente incluso en una galaxia diferente en el universo. Si ese es el caso, puedes optar por utilizar una plantilla alfanumérica para que el péndulo deletree el nombre del planeta como la que se muestra a continuación.

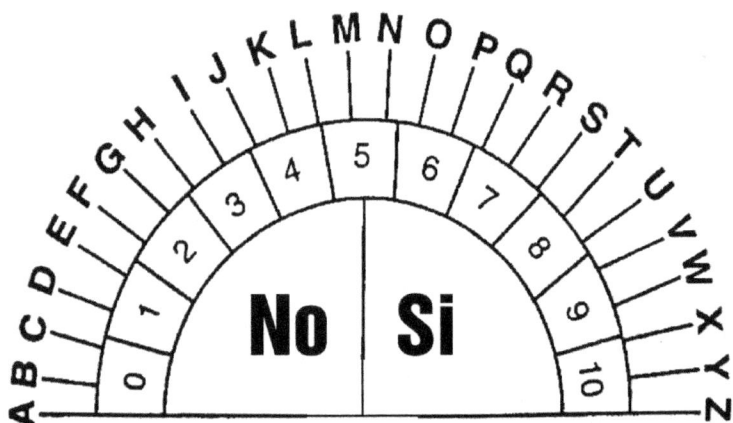

Esta plantilla y otras más se encuentran al final de estas instrucciones, con lo que puedes ir a cualquier papelería y pedir que te las impriman en hojas de papel tamaño carta. Seguro querrás tener varias copias para ti o para las personas con las que vayas a hacer trabajo con péndulos,

Ahora que has aprendido el tiempo y el lugar de esta vida pasada, pregunta a tu péndulo si fuiste hombre o mujer.

Aunque ya sabes mucho sobre esta vida pasada, estás a punto de aprender aún más. Pregúntale a tu péndulo: "¿Fui miembro de la alta sociedad?" y esperar su respuesta. Si la respuesta es "No", sugiérele al péndulo diferentes segmentos de la sociedad a los que pueda haber pertenecido, incluidos comerciantes, militares, trabajadores, religiosos, artistas, científicos o curanderos. Si recibes un "No" a todas las ocupaciones que has sugerido, puedes pedirle al péndulo que deletree la respuesta usando la plantilla alfanumérica.

La pregunta final para hacerle a tu péndulo sobre esta vida pasada se refiere a la lección específica que necesitabas aprender. Las posibles lecciones sobre las que quizás desees preguntar son sobre el amor y la emoción, la prosperidad y el éxito, y varios desafíos físicos, como problemas de salud o discapacidades. La lección específica que necesitabas aprender en esta vida pasada puede brindarte pistas sobre las condiciones que están presentes en la vida que estás viviendo ahora, y esta percepción puede ser de gran ayuda. ¡Ahora tienes un bosquejo bastante completo de una de tus vidas pasadas y una nueva y fascinante historia que contar!

Ritual con péndulo para atraer dinero (y decretar al universo)

Materiales necesarios:

Un péndulo

Una vela verde

Una hoja de papel

Un lápiz

Una vela blanca

1. Preparación

Enciende la vela verde y el incienso de canela o sándalo. Siéntate cómodamente en un lugar tranquilo y enciende la vela blanca en un lugar cercano.

2. Define tu intención

En la hoja de papel, escribe tu intención de atraer dinero en términos claros y específicos. Por ejemplo, "Deseo atraer más abundancia y prosperidad a mi vida".

3. Conéctate con el péndulo

Sostén el péndulo entre tus dedos índice y pulgar de la mano dominante y respira profundamente varias veces. Visualiza tu intención y pídele al universo que te muestre la respuesta a través del movimiento del péndulo.

4. Decreta tu deseo

Mientras la vela verde sigue ardiendo, comienza a concentrarte en tu deseo de atraer más dinero a tu vida. Sostén el péndulo en tu mano y deja que se mantenga estático sobre la hoja con tu deseo mientras cierras los ojos y respiras profundamente. Visualiza una imagen clara de ti mismo disfrutando de la abundancia financiera que deseas.

Siente la alegría y la gratitud que te invade al tener el dinero que necesitas para hacer realidad tus sueños.

Ahora imagina que el dinero fluye hacia ti como una corriente constante y sostenible. Visualiza cómo te sientes al recibir ese dinero. Siente la emoción que te invade al saber que no te falta nada. Visualiza cómo compartes ese dinero con aquellos que lo necesitan, y cómo eso te hace sentir aún más feliz y abundante.

Mientras haces esta visualización, observa cómo el péndulo comienza a moverse. Presta atención a la dirección y la intensidad del movimiento. Trata de sentir la conexión entre tus pensamientos y emociones y el movimiento del péndulo. Cuando te sientas listo, sonríe y di en voz alta: "Así será".

Continúa irradiando esta energía positiva y la sensación de abundancia en tu vida mientras lo consideres necesario. Mantén una mente abierta y libre de dudas,

5. Agradece al universo

Cuando hayas terminado, agradece al universo dando por hecho lo que has deseado. Siente la gratitud en tu corazón y visualiza cómo tu intención se manifiesta en tu vida.

6. Termina el ritual

Apaga la vela verde y el incienso y deja que la vela blanca siga quemándose hasta el final. Dobla la hoja de papel con tu intención y guárdala en un lugar seguro.

Este ritual no solo puedes usarlo para atraer dinero a tu vida, sino para manifestar cualquier cosa que desees. Si deseas amor, usa una vela roja en vez de la verde; si deseas salud usa una vela azul; si deseas tranquilidad, paz o que algo se resuelve, usa una segunda vela blanca; Si deseas sabiduría, usa una vela amarilla.

★

Plantillas para Imprimir

A continuación, te presento una serie de plantillas que puedes copiar, imprimir o utilizar como referencia para crear tus propias guías de lectura con péndulo. Estas plantillas te ayudarán a crear preguntas claras y específicas, así como a estructurar tus sesiones de lectura para obtener los mejores resultados.

Incluso si estás leyendo la versión digital de este libro, puedes aumentar la imagen en tu dispositivo haciéndole zoom en la pantalla y usar el péndulo sobre la misma. Sin embargo, debes tener en cuenta que algunas personas son renuentes a esta práctica, argumentando que la señal del dispositivo móvil podría interferir con las energías detectadas por el péndulo. Personalmente, no le veo ningún inconveniente al uso de estas diagramas desde un dispositivo móvil, pero siempre es importante ser consciente de los posibles efectos secundarios.

Recuerda que las plantillas son solo una guía para ayudarte en tu práctica con el péndulo, pero lo más importante es tu intención y concentración. Siempre debes tener una mente abierta y libre de prejuicios para permitir que las energías fluyan de manera natural.

★

Plantilla Básica de Sí o No

Si buscas una herramienta simple pero poderosa para interpretar respuestas de Sí o No con tu péndulo, ¡esta plantilla es para ti! Con sólo dos movimientos - vertical y horizontal - podrás obtener respuestas claras y precisas.

Cuando el péndulo se mueve de manera vertical, se interpreta como "Sí", mientras que cuando se mueve de manera horizontal, la respuesta es "No". Si el péndulo se mueve en círculos, esto puede indicar que la respuesta no es clara en ese momento.

★

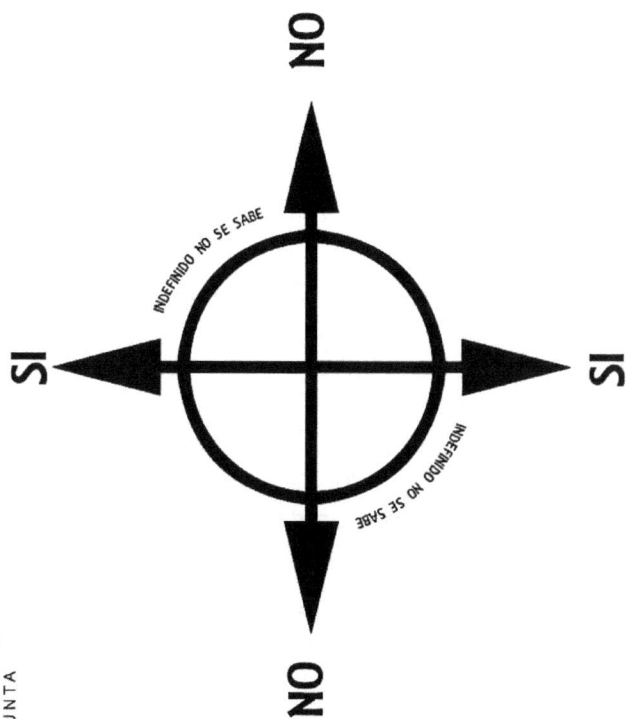

Plantilla Básica de Sí o No (variante)

Esta plantilla es una variante en donde los movimientos en diagonal representan un "tal vez" a la pregunta. Es una expansión de la plantilla anterior.

★

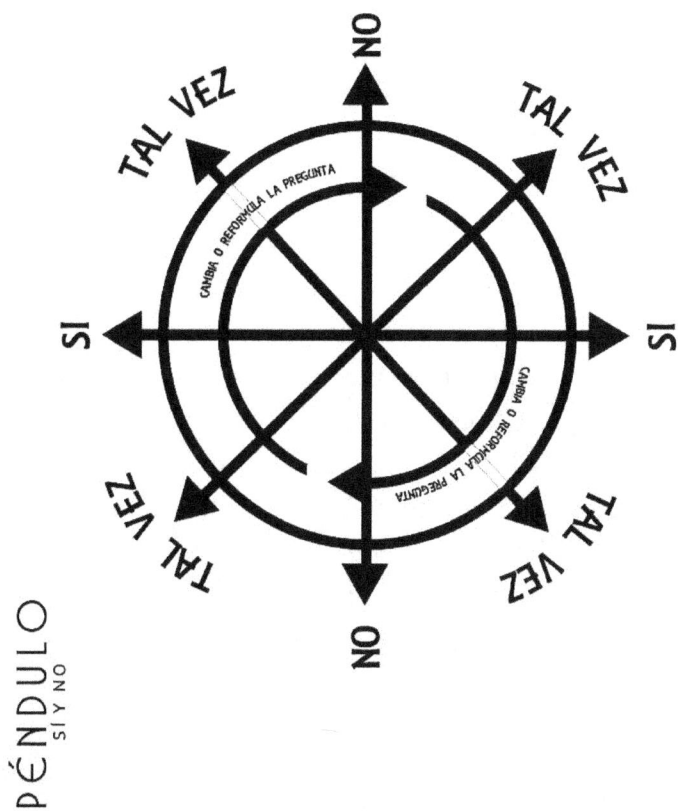

PÉNDULO
SI Y NO

NO

TAL VEZ

TAL VEZ

SI

SI

CAMBIA O REFORMULA LA PREGUNTA

CAMBIA O REFORMULA LA PREGUNTA

TAL VEZ

TAL VEZ

NO

Plantilla para preguntas detalladas

Con esta plantilla, podrás usar el péndulo para seleccionar letras del abecedario y obtener respuestas detalladas a tus preguntas.

Además de las letras, también incluimos opciones de Sí o No para hacer que las respuestas sean aún más precisas. Puedes usar esta plantilla para hacer preguntas en detalle y obtener respuestas concretas, de manera similar a una tabla Ouija donde las letras señaladas van indicando palabras o partes de ellas. Para usarla ubica el péndulo justo en donde se cruzan las líneas que separan el Sí y No con la línea que va de la A a la Z y pídele al péndulo que te señale las letras que conformaría las palabras a las respuestas que buscas. Es un diagrama más avanzado, pero útil cuando quieres averiguar por nombres propios, ciudades u otros términos específicos. Algunas personas incluso usan este diagrama para canalizar entidades de otras dimensiones...

★

PÉNDULO
PREGUNTA GUÍA

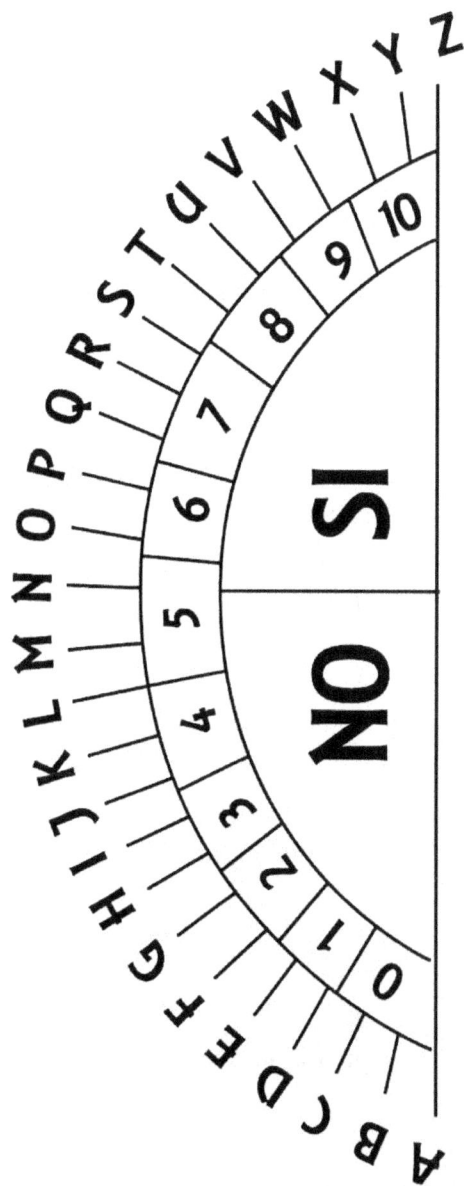

Plantilla para Chakras

Anteriormente hablamos sobre cómo usar el péndulo para la sanación y desbloqueo de los chakras. Ahora, te presentamos esta plantilla especialmente diseñada para ese propósito. Además de indicar con Sí o No, también te ayudará a identificar las áreas en las que debes trabajar con tus chakras o desbloquear.

Usando esta plantilla, podrás trabajar en tus chakras de manera efectiva y lograr un equilibrio energético en tu cuerpo. Siéntete libre de usarla tanto para la curación como para la meditación, o para cualquier otra práctica que te ayude a mejorar tu bienestar físico y emocional.

Ten en cuenta que, en ocasiones, el péndulo puede señalar con un signo de interrogación. Esto puede indicar que debes replantear tus preguntas o reflexionar más profundamente sobre tus intenciones y metas.

★

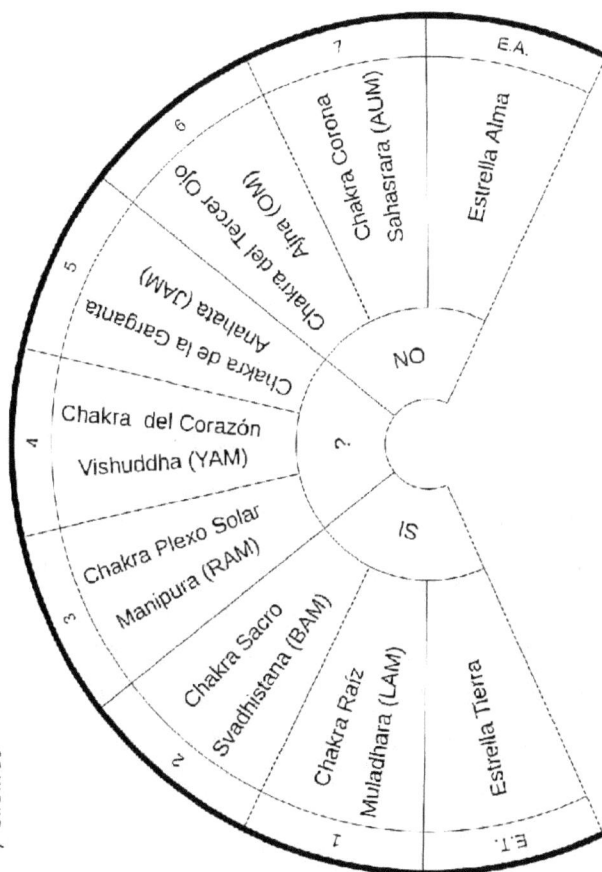

PÉNDULO
7 Chakras

Plantilla para bloqueo energético

Similar a la plantilla anterior, puedes usar este diagrama para identificar qué áreas pueden estar generando bloqueos en ti y hasta en qué nivel están participando de dicho bloqueo. también puedes replantear tu pregunta para ver en qué porcentaje podrías trabajar algún área de tu vida. Puedes usar esta plantilla en conjunto con la de chakras para obtener una guía puntual sobre cómo realizar desbloqueos en tu vida.

★

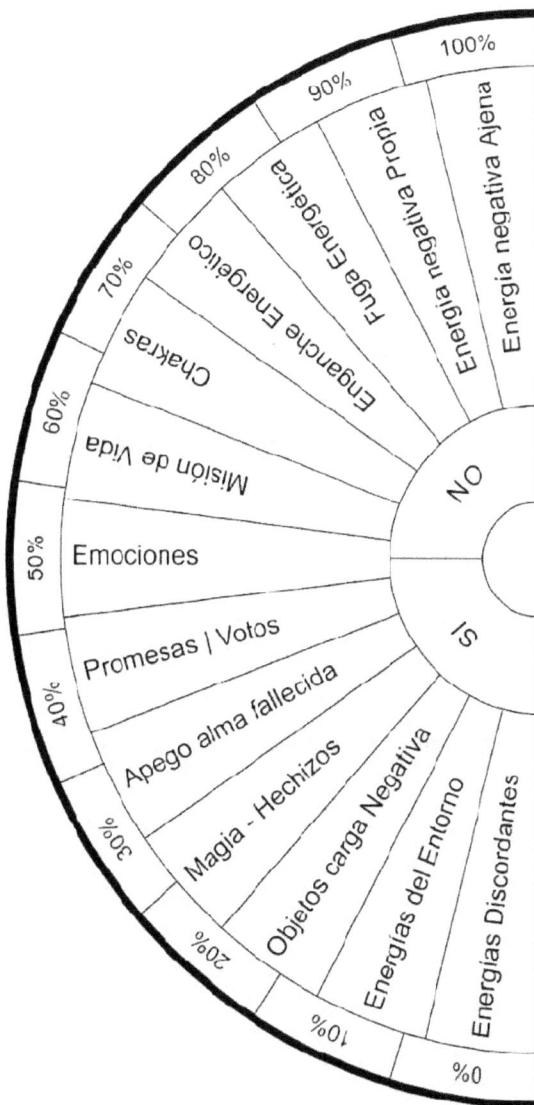

PÉNDULO
BLOQUEOS ENERGÉTICOS

Energía negativa Ajena
Energía negativa Propia
Fuga Energética
Enganche Energético
Chakras
Misión de Vida
Emociones
Promesas | Votos
Apego alma fallecida
Magia - Hechizos
Objetos carga Negativa
Energías del Entorno
Energías Discordantes

NO
SI

100%
90%
80%
70%
60%
50%
40%
30%
20%
10%
0%

Plantilla para bloqueos mentales

Otra plantilla que complementa tus trabajos de sanación. Muchas veces lo que nos bloquea no viene de afuera, sino que somos nosotros mismos y nuestros pensamientos. Esta plantilla ha sido diseñada para descubrir desde tu subconsciente cuáles son esos pensamientos o limitantes mentales que no te estén permitiendo avanzar.

★

PÉNDULO
BLOQUEOS MENTALES

Mentalidad de Grupo
Programa Familiar Limitante
Bloqueo Clase Social
Bloqueo Religioso
Hace caso a OTROS
Bloqueo por Complejos
Programa Personal Limitante
Auto Castigo
Auto Sabotaje
Resistencias
Miedo
Programa Social Limitante
Ignorancia
Bloqueo Económico
Falta de Imaginación
Bloqueo Cultural
Creencias Limitantes
Zona de Confort
Bloqueo de Raza

NO
SI

Plantilla para curso de acción

Ya sabes que te estña bloqueando, pero.. ¿cómo puedes avanzar? Esta plantilla está diseñada para darte consejos y orientarte sobre que acciones tomar para que tu destino se despeje. El péndulo parte desde el centro del diagrama y puede responder en la periferia a cuatro tipos de preguntas con múltiples opciones en su interior.

★

PÉNDULO
ACCIONES

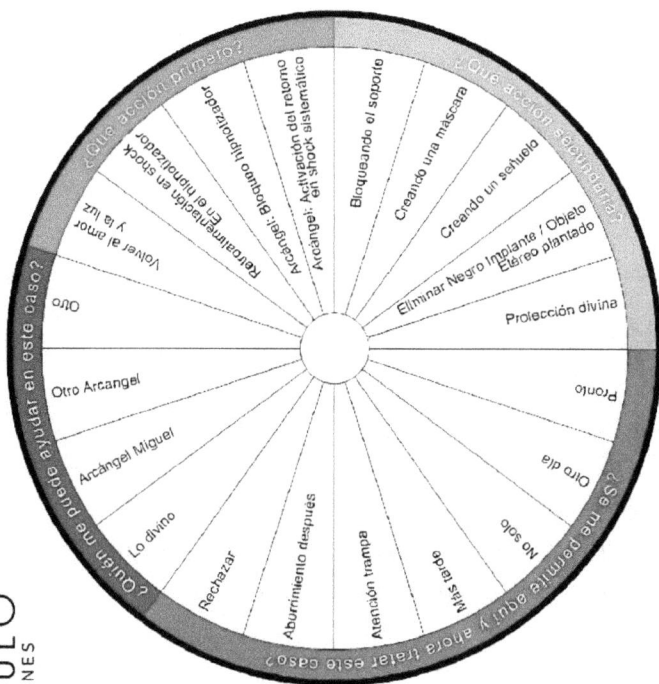

¿Qué acción primero?

¿Qué acción secundaria?

¿Se me permite aquí y ahora tratar este caso?

¿Quién me puede ayudar en este caso?

- Bloqueando el soporte
- Creando una máscara
- Creando un señuelo
- Eliminar Negro Implante / Objeto Etéreo plantado
- Protección divina
- Pronto
- Otro día
- No solo
- Más tarde
- Atención trampa
- Aburrimiento después
- Rechazar
- Lo divino
- Arcángel Miguel
- Otro Arcangel
- Otro
- Volver al amor y la luz
- Retroalimentación en shock / En el hipnotizador
- Retroalimentación: Bloqueo hipnotizador
- Arcángel: Activación del retorno en shock sistemática

Plantilla de consejos

Tal vez la plantilla anterior pueda parecerte un poco abrumadora. Esta versión, más simplificada, puede ayudarte para obtener consejos rápidamente, o inspirarte para que crees una con tus propios consejos para cuando hagas terapias con péndulo a otras personas.

★

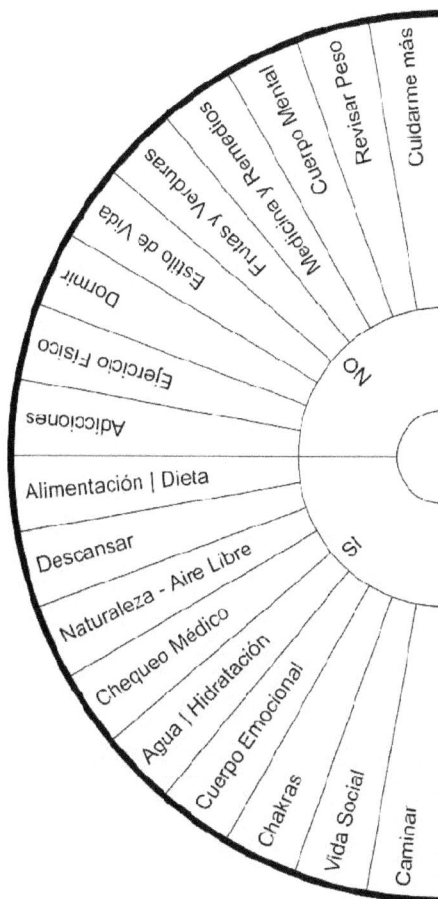

PÉNDULO
CONSEJOS

Cuidarme más
Revisar Peso
Cuerpo Mental
Medicina y Remedios
Frutas y Verduras
Estilo de Vida
Dormir
Ejercicio Físico
Adicciones
Alimentación | Dieta
Descansar
Naturaleza - Aire Libre
Chequeo Médico
Agua | Hidratación
Cuerpo Emocional
Chakras
Vida Social
Caminar

NO

SI

Plantilla Universal

Para terminar, te dejo mi plantilla favorita, una plantilla multi usos para perfecta para sanación, identificar chakras (posicionados a lo largo del cuerpo en la silueta), hacer preguntas y rientar a nivel zodiacal. Una herramienra que aquellos interesados en el mundo de las lecturas psíquicas podrán aprovechar para complementar sus prácticas y hasta ver, que elementos astrológicos pueden estar influenciando su estado actual.

★

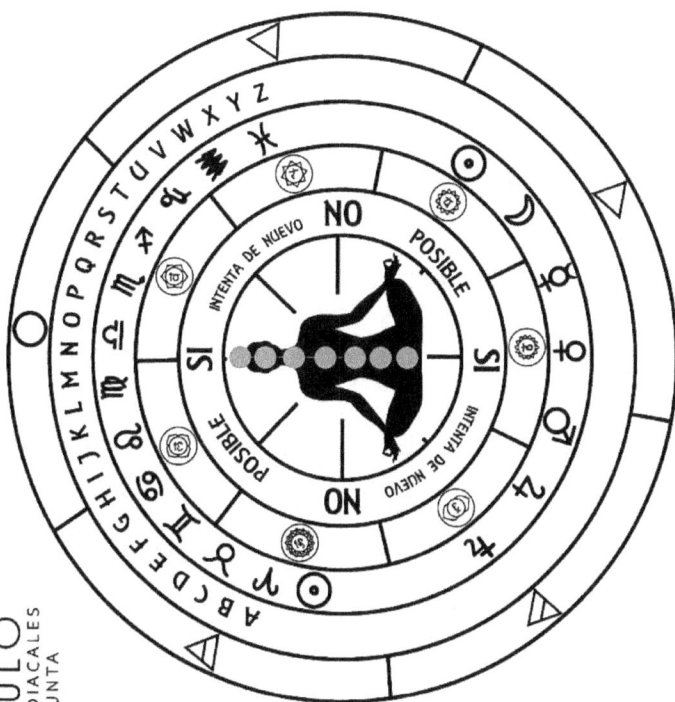

PÉNDULO
SIGNOS ZODIACALES
Y PREGUNTA

"El péndulo es un compañero de viaje que nos guía en nuestro camino hacia la verdad y la autenticidad; una herramienta que ha sido utilizada desde tiempos inmemoriales para conectarnos con la esencia de la vida".

En Conclusión

los péndulos representan una herramienta excepcional y versátil en el ámbito de la sanación y el autoconocimiento. Gracias a ellos, puedes sumergirte en las profundidades de tu subconsciente, sanar heridas físicas y emocionales, obtener valiosas enseñanzas de tus vidas pasadas y recibir respuestas claras que te guíen en las lecciones que la vida tiene preparadas para ti. Además, el péndulo es útil para llevar a cabo limpiezas energéticas y responder con precisión a tus preguntas.

Los péndulos son instrumentos de gran elegancia, fáciles de transportar y de utilizar en cualquier momento y lugar. Con el paso del tiempo, tu péndulo irá adquiriendo su propia esencia y personalidad, convirtiéndose en un compañero fiel y único en tus prácticas de sanación y crecimiento personal.

El trabajo con el péndulo es un proceso enriquecedor y gratificante, tanto para ti como para quienes acudan a tus consultas, pacientes y clientes. A través de esta herramienta, podrás brindarles la oportunidad de vivir experiencias transformadoras y sanadoras.

Espero que la información y los conocimientos compartidos en este libro te sean de gran utilidad en tu camino de crecimiento personal y en el desarrollo de tus habilidades como sanador y guía. No hay mayor satisfacción que acompañar a otros en su proceso de sanación y evolución, y el péndulo es un valioso aliado en esa misión.

Quiero agradecerte por permitirme ser parte de tu aprendizaje y por haber confiado en este libro como fuente de inspiración y sabiduría. Te deseo el mayor de los éxitos en tus prácticas de péndulo y que puedas alcanzar la plenitud y armonía en tu vida y en la de aquellos a quienes acompañes en su camino.

Recuerda siempre mantener tu mente y corazón abiertos, y sé receptivo a las lecciones y mensajes que el péndulo tiene para ofrecerte. ¡Felices prácticas y muchas bendiciones en tu jornada de sanación y crecimiento!

Juan David Arbeláez

Mentalista y Conferencista Internacional

www.TusDecretos.com

★ ★ ★

Sobre Juan David Arbeláez

Además de empresario, escritor y conferencista, Juan David Arbeláez es un Mentalista. Un adepto al poder de la mente, donde por medio de técnicas de sugestión, lenguaje corporal, programación neurolingüística, inteligencia emocional, magia escénica y hasta probabilidad, logra por medio de sus cinco sentidos crear la ilusión de un sexto.

Sus conferencias, talleres y charlas-espectáculo han sido presentadas para miles de espectadores y grandes compañías Colombianas como Bancolombia, EPM, UNE, Grupo Corona, Grupo Argos, Éxito, Grupo SURA, NUTRESA, y Grupo Familia, entre otras.

Juan David es además campeón latinoamericano de mentalismo y con frecuencia es invitado a demostrar sus habilidades y compartir sus experiencias en diferentes programas de televisión incluyendo shows de la talla de DON FRANCISCO PRESENTA en donde se ha presentado en múltiples oportunidades ante toda la teleaudiencia latinoamericana.

Es además el autor de los libros PIENSE PODEROSAMENTE, donde comparte ocho mentalidades enfocadas al desarrollo del verdadero poder personal; EL ARTE DE INSPIRAR AUDIENCIAS, en donde explica técnicas para hablar en público y realizar presentaciones asombrosas; IMPORTACULISMO PRÁCTICO, la última filosofía de vida para vivir bien de una buena vez; y del libro SÚPER LENGUAJE CORPORAL, así como de varios audio-libros sobre temas variados de empoderamiento personal, y múltiples e-Books sobre estas y otras temáticas.

Su página en Facebook, cuenta con miles de seguidores que periódicamente comparten y discuten con él sus artículos y videos.

Usted puede obtener más información acerca de Juan David Arbeláez para conferencias y presentaciones visitando su sitio web en:

http://www.MagiaMental.com

Otros libros

Neville Goddard:
Haz Tus Deseos Realidad:
El Poder Infinito del YO SOY

William Walker Atkinson
**MAGIA MENTAL EL SECRETO DEL
ÉXITO**: El Poder De La Sugestión Y La
Ley De La Atracción

**El Nuevo Juego de la Vida y Cómo
Jugarlo:**
Obras Completas de Florence Scovel Shinn
Actualizadas para el Siglo XXI

Neville Goddard
**SENTIR ES EL SECRETO DEL YO
SOY:** Incluye la obra Sentir es El Secreto y
diez de las mejores conferencias de Neville
Goddard actualizadas

Alan Watts
La Era de la Ansiedad
Sabiduría para asumir la inseguridad como camino hacia la paz interior.

Neville Goddard:
La Biblia: El Manual Secreto del "Yo Soy"
Simbología De La Biblia Revelada Como Un Poderoso Manual De Psicología.

Colección Así Será
El Juego de la Vida en el Siglo 21
(El Poder del YO SOY actualizado)
www.Asi-Sera.com

www.ingramcontent.com/pod-product-compliance
Lightning Source LLC
LaVergne TN
LVHW051231080426
835513LV00016B/1529